中国民间文艺家协会　组织编写　◎总主编　罗　杨

本书系中国文学艺术基金会资助项目

中国历史文化名城·名镇·名村全书

中国名村·广东

茶山村

国文化遗产的丰富性存留在古村落里，中国非物质文化遗产的精华闪烁在古村落里，中华文化的根脉深深扎在古村落里，中国文化遗产的丰富性存留在古村落里，中国非物质文化遗产的精华闪烁在古村落里，中国文化的多样性散落在古村落里，中国民间文化的独特魅力汇聚在古村落里，

知识产权出版社

全国百佳图书出版单位

中国文化的多样性散落在古村落里，中国民间文化的独特魅力汇聚在古村落里

《中国历史文化名城·名镇·名村全书》
总编委会

总顾问：冯骥才

总主编：罗　杨

执行总主编：白光清　周燕屏　刘德伟

村落记忆的瑰丽画卷（代总序）

"竹篱茅屋趁溪斜，春入山村处处花。"苏东坡描写出的是一幅多么富于诗情画意的美好景致。青山翠竹、粉墙黛瓦，牧笛山歌、蛙声蝉鸣。我们的祖先曾经就是如此诗意栖居，神话般生活。这种农耕文明的恬美情境至今保留在山清水秀，文化灿烂的历史名村名镇，是祖先遗馈给我们的一笔丰厚精神遗产，也是中华民族优秀传统文化得以流传的血脉并给我们留下美好记忆的精神家园。在经济高速发展、城市化进程汹涌而来的今天，守护和保护好每一处名村名镇就意味着守护好我们的精神家园，这是民族赋予民间文艺工作者的历史责任。

人类文明的进化不能没有积累和继承，历史的车轮可以碾过如梭的岁月，但不应拆毁我们心灵回归故里之路。作为我们精神故里的每个古村落是一个自然的社会单元，也是物质与文化的综合体，是民族民间文化的重要载体，是不可再生的文化资源，是民族文化复兴的重要源泉。古村落是中国传统"天人合一"的人生观和自然观产生的居住方式，具有深厚的历史积淀和文化底蕴，是祖先长期适应自然、利用自然的见证。它如同一部历史教科书，记录和镌刻着我们民族的文化基因和历史记忆；如同一条历史长河，至今滋养着中华儿女的心田。古村落不仅仅是一个地点和空间，而且保存着年轮的印痕和光阴的故事，它曾以五千年文脉涵养了一个泱泱中华。梁漱溟曾经说过：中国新文化的嫩芽绝不会凭空萌生，它离不开那些虽已衰老却还蕴含生机的老根——乡村。

完整的古村落不仅包括民宅建筑、桥梁、庙宇、祠堂、古树、亭台楼阁、古戏台、碑廊等丰富的物质文化遗产，同时还应包括与之密切关联的各种民俗、生产生活、婚丧嫁娶、民间信仰崇拜以及民间神话、民间故事、民间谚语和歌谣等口头的、无形的和民间艺术、民间戏剧、民间音乐、民间舞蹈、民间工艺制作等非物质文化遗产。理解古村落就可以理解中国文化的民族密码和历史细节，读懂古村落就可以读懂民间文化的百科全书。中国文化遗产的丰富性留存在古村落里，中国非物质文化遗产的精华闪烁在古村落里，中国文化的多样性散落在古村落里，中国民间文化的独特魅力汇聚在古村落里，中华文化的根脉深深扎在古村落里。冯骥才先生曾说：中国最大的物质遗产是万里长城，最大的非物质文化遗产是春节，最大的物质和非物质文化遗产就是古村落。

在历史面前我们应该是虔诚的，在文化面前我们应该是卑躬的，在故土面前我们应该是敬重的。人类在社会发展的进程中曾经付出过惨痛的代价，历史的经验告诉我们，很多美好的东西只有当失去时才发现它的宝贵。在城市化的过程中，我们曾经失去了很多充满温馨、充满诗意的村庄，是鳞次栉比的水泥森林再次唤醒了人们对古村落的重新认识。田园牧歌式的居住不仅是古人的生活理想，更是当代人的精神诉求，我们在渴望享受现代城市文明的同时，也渴望留住那些曾经养育了我们祖辈温暖了我们心灵的原生态、多样性的古村落。

保护与开发永远是一对矛盾，是把古村落作为文化基因完整地加以保护，还是作为生财之道尽快地开发赚钱，这是摆在我们面前亟待解决的重要课题。古村落是一个完整的生命体，有自己的外形和内核，有自己的精神和灵魂。保护古村落，绝不能被动地对抗岁月的磨蚀，而是更加注重对古村落人文生命的挖掘与扬弃。因此，对古村落的保护、建设和开发一定要按规律办事，切忌在开发和建设中造成不可补救的破坏，使历经浩劫而幸存的古村落在不当开发中消亡。各级政府在古村落保护过程中，应本着高度的文化自觉，以历史的情怀、超前的眼光、长远的规划和持之以恒的决心，注重其文化内涵的活态传承，正确地面对历史与现实，正确地处理经济与文化，正确地看待遗产与利益，正确地评判政绩与公益，寻找出一个适合中国国情的古村落保护与发展的两全之策，逐步建立起科学有效的古村落传承保护机制，从而不断增强古村落的魅力和生命力，找回那种"倚杖柴门外，临风听暮蝉"的美好诗意。

有鉴于此，中国民间文艺家协会携手知识产权出版社在烟波浩渺的古村落中撷取出极具代表性的名村名镇，结集推出《中国民间文化遗产抢救工程——中国历史文化名城·名镇·名村全书》，力图用文字和图片把这些岌岌可危的古村落的精华如实完整地记录下来，让我们的读者和后人带着享受的心情，踏上回归精神故里寻古探幽的旅程，感受乡土的温暖与润泽，欣赏"茅舍槿篱溪曲"，"门外春波荡绿"的美好画卷，体味精神家园的馨香。

守护民族的文化基因（代序）

在华南的古村落进行田野考察，最深刻的感受是，我们所从事的是一项与个人的情感可以交融在一起的工作。只有参加过古村落田野调查的人才能真正理解，与一群具有不同学科和专业背景的同行，走向历史现场，踏勘史迹，采访耆老，搜集文献与传说，记录图像和声音，进行具有深度的密集讨论，联接过去与现在，引发兼具历史感与"现场感"的专业思考，其中所蕴含的那种令人神往的境界。我们都热爱自己的工作，热爱自己所记录和研究的人们，热爱这些人们祖祖辈辈生息的山河和土地。在大多数情况下，学术传统与个人情感的交融，赋予古村落田野工作以独特的魅力。

"广东省古村落保护专项工作"是从 2007 年开始的，五年来，广东省文联、广东省民协邀集的民俗学、历史学、建筑学、人类学、美学等专业的上百位专家，与各地的民间文化工作者一道，倘佯在岭南 17.8 万平方公里的乡土之间，以细致的田野工作，在 17 万个自然村中，梳理了近 200 个古村落的历史脉络，掌握了丰富的文献、口述和音像资料。同行们试图唤起各界对古村落及其蕴含的深厚文化底蕴更多的关注与重视，力图在这项号称与"推土机赛跑"的工作中先行一步。大家历尽艰辛而仍旧乐此不疲，是因为我们相信，这项工作所表达的是一种具有方向感的专业追求，我们强调自己的工作学有所本，同时也相信自己的追求有助于守护、存续一个有数千年传统民族的文化基因。

费孝通先生在《乡土中国》一书中，讲到乡土社会是一个"礼治"的社会，精辟地指出：

传统是社会所累积的经验。行为规范的目的是在配合人们的行为以完成社会的任务，社会的任务是在满足社会中各分子的生活需要。人们要满足需要必须相互合作，并且采取有效技术，向环境获取资源。这套方法并不是由每个人自行设计，或临时聚集了若干人加以规划的。人们有学习的能力，上一代所实验出来有效的结果，可以教给下一代。这样一代一代地累积出一套帮助人们生活的方法。从每个人说，在他出生之前，已经有人替他准备下怎样去应付人生道路上所可能发生的问题了。他只要"学而时习之"就可以享受满足需要的愉快了。

文化本来就是传统，不论哪一个社会，绝不会没有传统的。衣食住行种种最基本的事务，我们并不要事事费心思，那是因为我们托祖宗之福——有着可以遵守的成法。但是在乡土社会中，传统的重要性比现代社会更甚。那是因为在乡土社会里传统的效力更大。

也就是说，文化传统一代一代、自然而然地型塑了我们许多不言而喻的行为法则，而这些传统在乡土社会中存留得更多，也具有更加重要的价值。置身于全球化、现代化的话语环境之中，面对着日益"千城一面"的都市化浪潮，我们这些从事文化工作的人，也就对60多年前费孝通先生的学术见解，更多了一份理解和同情。也许在许多接受了制度性的现代教育的人看来，不少传统的习惯和事物已经不够时尚，甚至不合时宜，但我们还是得知道，正因为这些融化于每个普通人血液之中的文化传统，我们才成为中国人和岭南人。而这些丰富又多样的传统文化基因，正是在乡村社会的日常生活中，在乡村社会的氛围和环境中，才得以更好地存续和发展的。

作为一个文史工作者，我们深深地庆幸自己能够生活在这样一个大变革的时代。过去30年间，我们民族所经历的经济、社会和文化领域的巨大变化，在几千年中国历史上是绝无仅有的。能够亲历这样的历史，真是可遇而不可求。但正是由于社会的迅速转型，我们这一代对民族文化基因的守护和延续，也负有更重的历史使命。

这就是编辑这套丛书的价值所在。

陈春声

2012年2月26日于广州康乐园马岗松涛中

（陈春声系广东省民间文艺家协会主席、中山大学副校长）

目录

中国名村·广东

茶山村

茶子山下
梅江河畔

中国民间
文化遗产
抢救工程
THE PROJECT TO CHINESE
FOLK CULTURAL HERITAGES
SOS

茶山村，是梅州大地上一个并不起眼的古村落。她隐居在距梅州城西南约三十公里处，梅县水车镇西面的一个长长的山坳里。这小小的村庄，见证了客家人迁徙与再迁徙的历史，传承了客家人独特的精神与风骨，同时也诞生并走出了一众英杰，为中国近现代历史作出了突出的贡献。茶山村，她秉承了梅州大地的"程梅之义"，既有德，也有功。

建制沿革

梅州，这座广东东部的重镇以客家民系的重要形成地、聚居地和繁衍地而著称，至今仍是中国主要的客家人聚居地之一，也是闻名遐迩的"世界客都"。其地处闽、粤、赣三省交界，东经116度6分，北纬24度33分，南通揭阳、汕尾，北枕江西、福建，东连潮州，西接河源。据统计，2008年梅州土地面积为1.5925万平方公里，人口505.28万。

在历史行政区划建制方面，这块土地有过多次变更。南齐（479～502）时称程乡，据说此乃为纪念当地名士程旼而命名。相传程旼饱读诗书，品德高尚，而且"谕以曲直，辨明是非"，居民遇有争执都请他评断是非，颇受当地百姓敬重与信赖，因此名其姓为乡，以彰其德。到五代十国南汉乾和三年（945），程乡升为敬州，领程乡县。宋统南汉之后，开宝四年（971），因避宋太祖祖父赵敬之讳，改敬州为梅州，"梅州"之名第一次出现在史书上。此后一再反复变更，如到宋熙宁六年（1073），复置称为程乡县；清雍正十一年（1733），升为嘉应州；宣统三年（1911），再复名梅州；民国三年（1914）废州府制，改名梅县。而到了1949年以后，仍有过"兴梅专区"、"粤东行政区"、"梅县专区"等不同建制，其所处与所辖的地域也随之变化。1988年1月起定名为梅州，延续至今，地级市建制，下辖梅江区、梅县、蕉岭县、大埔县、丰顺县、五华县和平远县等六县、一区，并代管兴宁市。

关于梅州之名的来历，历来有不同的说法。有说因当地多植梅树而得名。明朝末年，程乡人李士淳（明进士，翰林院编修）有如下论述："梅鋗，浈水人，匡助汉高祖破秦有功，封于粤，即今程乡地，故号其水曰梅，源溪曰梅溪，名其州曰梅州，皆以梅鋗得名也。"（清《康熙程乡县志》卷一）。这是说梅州之名源于梅溪，梅溪之名源于汉将梅鋗。《康熙程乡县志》主编、时程乡知县刘广聪亦指出："县以程名，由程旻之贤也。至名州以梅，则人多不知为汉将梅鋗食邑之故。然则其名梅也，以旌功也，其名程，以表德也。后之君子，盍三复于程梅之义乎！"

在秦汉经魏晋到明清的漫长千年中，因为社会动乱与政治迫害，中原的衣冠氏族陆续向南迁徙至福建、江西、广东、广西等华南地域落脚生根，"群雄争中土，黎庶走南疆""永嘉之乱，衣冠南渡"等字样在历代史籍常被提及，"颍川堂""陇西堂""渤海堂"等堂号在客家民居中高悬至今。

梅州，是客家人迁徙过程中最为重要的一站。近代以后，更多人从梅州迁往世界各地，据统计，祖籍梅州的华侨有一千多万，是梅州本地人口的两倍。

客居此地的先祖带来了先进的中原文化和生产方式，保持了古朴的中原儒风，同时融合了当地土著文化的精华，

1
2

1. 水车镇与梅州市的地理位置
2. 茶山村全景
（叶繁荣　2008 年摄）

茶上村

中国名村·广东茶山村

最终产生了称呼至今的"客家人"，培育了璀璨夺目的客家文化与坚忍不拔的客家精神。著名学者罗香林曾这么说："客家是一个讲'木本水源'的民系……他们最重视祖宗的手泽，最重视'光前裕后'的工作，每每建筑宗庙兼住宅式的大屋，以为崇祀祖先，繁衍子孙的基地。他们认为'积德行仁'，则可使子孙发达；发愤立功，则可使祖宗荣耀。他们最富气骨观念，虽其或穷蹙至不可收拾，然若有人无端藐视他的人格，说他'沾衰祖宗'，他们必发愤自立，往往因是而转弱为强，转衰为盛。或有人诬蔑他们上代历史，那他们更是要群起抵抗。这是由以他们上代原是中原贵胄，虽辗转南下，而仍爱护祖宗盛名的缘故。"

茶山村，就是梅州大地上一个并不起眼的古村落。她隐居在距梅州城西南约三十公里处，梅县水车镇西面的一个长长的山坳里。茶山黄氏先祖及其后裔，如同众多客家先辈一样，一路艰辛颠沛，一路披荆斩棘，寻到了这个"世外桃源"，在此聚居，繁衍生根，开枝散叶。这小小的村庄，见证了客家人迁徙与再迁徙的历史，传承了客家人独特的精神与风骨，同时也诞生并走出了一众英杰，为中国近现代历史作出了突出的贡献。茶山村，她秉承了梅州大地的"程

1
2

1. 鱼塘村外景，远处可见鱼塘伯公土地庙
2. 茶山村全景（2012年摄）

梅之义"，既有德，也有功。

　　茶山村的行政建制，在 1949 年以前，基本循从宋代开始的带有军事性质的户籍管理——堡甲制度，十户为一甲，十甲为一堡。至清朝时，梅县划为 36 堡，下辖 230 个甲、约。如今水车镇的行政区域，当时由梅江河两岸分为两堡，河东为龙文堡，包含水车等约；河西为大小立堡，"大小立堡，距城六十里，所属八甲，曰增田，曰黄坭塘，曰水源坑，曰鱼塘，曰曹田坑、曰故旺，曰鹅公坑，曰占声坑"。（清光绪《嘉应州志》）可知当时大小立堡含有黄泥塘等八甲，包括今天水车镇河西从水车大桥以北到东华山以南的村落，茶山村为大小立堡下辖。至民国二十年 (1931) 以后，梅县贯彻实行广东实施的"地方自治"令，各县以下行政区域划堡为区乡。民国三十年（1941），茶山村隶属梅县大立乡。1949 年以后，开始废除民国以前的乡镇制度并建立农业合作社。茶山村和黄泥塘（今又别称洋泥塘）组成灯塔村农业合作社，后改为灯塔村至今，目前是梅县水车镇灯塔村下的自然村，距水车镇不足三公里，东南以公王坛为界，西北至村内绍德学校一带。绍德学校以上为黄塘自然村，公王坛以下为大新村。

茶山村

中一国一名一村·一广一东一茶一山一村一

家族源流

茶山村名为茶山，却并不出产茶叶。据黄氏云祖公族谱[①]记载，黄氏先祖云祖公的子孙迁到此地南面山麓下"设店经营"，因店铺在茶子树下，故称茶山村，繁衍至今已有24代。

所谓"茶子树"，就是油茶树。其树为常绿灌木，开白色花，有悠香；其果有大粒籽，可榨油，也就是今天我们所称的茶油。古时茶子树下，是当地的一条交通要道，往西北通往荷泗，往东南通往畲坑。说黄氏在茶子树下"设店经营"，只是茶山黄氏族谱的记载，据了解，黄氏先人是

中国一名村·广东·茶一山一村

山茶花，在茶山村附近山上随处可见油茶树，其树为常绿灌木，开白色花，有悠香

注：
① 黄氏云祖公族谱，原有手抄老谱，传至我国台湾地区保存。现有1976年和2011年编修两个印刷版本。

放养鸭子的，茶山村由于所在位置相对封闭，河溪、水沟、水田交错，鸭食丰富，是一个放养鸭子的天然场所，因此推断黄氏先人在茶子树下"设店经营"的店铺，其实就是一个鸭寮。

茶山黄氏的先祖相当荣耀，远可追溯到周代受封于黄国的南陆公，还有就是春秋时楚国的春申君黄歇，即所谓"江夏黄"。大致从汉开始，有一支黄姓族人从湖北江夏迁到河南光州，其后代再由光州迁入福建，由福建迁入广东。据统计，黄姓如今是全球华人十大姓之一，广东省最多，占

油茶树其果有大粒籽，可榨油，即今所谓茶油

中一名一村·广一东一茶一山一村一

全国黄姓人口总数约 19%。

千百年来，散居闽粤两地的黄氏，一直没有忘记梳理崇宗认祖的情感纽带，常在其祠堂上挂有"江夏世家"、"江夏堂"等字样的匾额，门上贴有"颍川世德，江夏家声"等字样的对联，把这个作为其黄氏寻亲认祖的标志。历史辗转四百余年，至战火纷飞的五代十国，出现了如今闽粤黄氏都非常认同的传奇先祖黄峭山（字仁静，号青岗），他是黄氏在闽粤主要开基者之一，福建建昌府人（现福建邵武），曾任江夏太守，后封千户侯。娶妻仁，上官、吴、郑氏，各生七子，共 21 子。晚年，他因被人诬告谋反，家庭面临重大危机，便遣送 21 个孩子向外发展，各自开基。临别时，峭山公自吟诗八句，作为后世儿孙相会时认亲的凭证，此即著名的"外八句"，又称上马诗。即如恪守其堂号"江夏堂"一样，黄氏八句流传逾千年，常见于各地黄氏祠堂、族谱等显要地方，已成为黄氏后人重要的祖宗遗训。

外八句

骏马登程往异方，任从胜地立纲常；

年深外境犹吾境，日久他乡即故乡。

旦夕莫忘亲命语，晨昏须荐祖宗香；

惟愿苍天垂保佑，三七男儿总炽昌。

据说峭山公分遣 21 子时，特别强调，后世子孙若遇人前来寻亲认祖，凡能说出外八句的，即为至亲骨肉，需即请登堂。说不出的，也是峭山公子孙，必得热情相待。"有违吾训者，其后不得繁衍！"

此外，广东一带的黄姓后人，还流传着峭山公所作的另一首诗，称"内八句"，又称下马诗。

内八句

梅江江上旧华堂，阀阅久传江夏黄；

百里花封留政绩，千年翰苑擅文章。

绵绵世泽流孙子，赫赫家声自汉唐；

一看谱牒应许敬，令人远仰昔高阳。

从诗的内容来看，"内八句"可能并非峭山公所作。由"梅江江上旧华堂"之句可见，此诗大约于黄氏在梅州开基之后，再次向周边迁徙的过程中出现的。而假托峭山公之名，无非是要提高其权威性而已。

可以说，黄峭山分遣21子的传说及其遣子诗，蕴涵着黄氏家族乃至整个客家人族群的诸多精神密码。客家人迁徙过程中的种种辛酸、豪迈，令人感慨万端。而客家人精神气质的诸多方面，也由此可见一斑。如客家人特别重视孝道，讲究"木本水源"；客家人不同于儒家传统安土重迁、

远处小山坡下有茶山村的开基一世祖云祖公黄云祖墓

"父母在，不远游"的意识，主张积极开拓，谋求向外发展。茶山村一位老者说道："我们家族为什么待人特别地热情好客呢？因为我们老祖宗说过，不如此做是要断子绝孙的啊。"

黄峭山之第十子黄化一支，迁徙到福建宁化石壁村开基立业。到了南宋邵和年间（1141），黄化的裔孙黄僚（字海虎，号良臣），晚年归田路过梅州，在梅州城西五马坊水巷口定居下来。黄氏由此在梅州地区开枝散叶，成为梅州的第二大姓。到元代时，梅州黄氏已经繁衍出上百人，子孙中不乏在梅县有号召力的乡贤名士，更有不少外出经商与做官，这中间便有如今排梅县黄氏总支第十七世的黄礼卿。他曾任扬州通判（宋明时官名，司管粮运、家田、水利和诉讼等事项）。黄礼卿生有一子黄云祖（字仕翼，号永兴），自幼谦虚好学，曾取得禀贡生（科举时代，秀才一般分为

云祖公墓碑

三等，成绩最好的称为"禀生"，由国家按月发给粮食。秀才中选择成绩或资格优异者升入京师的国子监读书的则称贡生。能以禀生的资格直接选去做贡生就叫禀贡生）名号，后来担任江西瑞金教谕（县级教育官员），致仕归乡后从"西厢五马坊"迁居到"大立古方约"①，由此成为如今茶山村的开基一世祖。

黄氏自福建宁化迁移至梅州的历史，有许多史料记载。州志上很早便注意到梅州与宁化在人口方面的渊源关系："元世祖至元十四年，文信国（天祥）引兵出江西，沿途招集义兵，所至响应。相传梅民之从者极众。至兵败后所余遗孑只杨古卜三姓，地为之墟。闽之邻粤者相率迁移来梅，大约以宁化为最多。所有戚友询其先世，皆来自宁化石壁人。"

20 世纪初，英国传教士肯贝尔在广东客家地区传教多年，发现客家富有特性，与众不同，便从事研究，并于 1912 年在英国长老会和英国浸信会联合在广东汕头举行的宗教会议上，报告客家的历史和现状，之后整理成书发表，书名为《客家源流与迁移》，他在书中写道："岭东之客家，十有八九皆称其祖先系来自福建省汀州府宁化县石壁村者。按诸事实，每一姓和第一祖先离开宁化而至广东时，族谱上必登着他的名字，这种大迁徙自始至终皆在十四世纪。"

1927 年，美籍华裔学者谢廷玉写的论文《客家的起源和迁移》中认为："嘉应州被客家人占领的历史说来特别有趣，第一次涌入广东的浪潮开始于南宋。在抗元失败后，人口大减，许多福建特别是宁化地方的人蜂拥而入，占领了那些荒地。"并列举了宁化人口：北宋（1078）13700 户、南宋（1253）35000 户、明初（1391）12588 户、明中（1492）

注：
① 如志书上曾载有黄泥塘（今黄塘）、鱼塘（今梧塘，客家话鱼、梧音同）、故旺（即古方）等地名，故旺具体位置已不可考，其方位当不出今灯塔行政村范围。

6565户、明末（1613）5279户。从南宋后宁化人口的递减与嘉应州人口的递增，可以看出二地的渊源关系。

可见黄僚迁居梅州城西五马坊，是与客家人迁徙的形势相吻合的。而随着人口的增长，黄僚的子孙势必需要再迁徙，一方面迁往临近各县，一方面就近扩展，往周边寻找适宜的垦殖与居住环境。而梅州黄氏十七世黄礼卿之子黄云祖，就找到大立古方约开垦居住。但是茶山村村落文化的最终形成，还要经历不少的曲折。当时，这并不宽阔的山谷盆地已有杨、吴、温等姓先期开垦居住，黄氏先人面临族谱上所说"吴门羊栏"（为各姓氏的谐音）的竞争，诸姓在争夺土地和水源的过程中，不会很轻松。

如今茶山人口口相传的几则故事，从一个侧面透露出当时姓氏争斗的一些实情。

传说当时居住在这里的杨氏家族势力最大，他们在山谷的底部繁衍生息，已积聚了足够的人口与财产，并聘请高明的风水先生兴建了祖祠。一天傍晚，一位年轻人从茶山南麓的古道经过，路过茶子树下黄家的鸭寮时，天色已晚，便进屋想借个火把照明。黄家的男女主人热情接待了他，并说天色太晚，这条道路缘山而过，山上常有野兽出没，很不安全，不如在此暂住一晚，天明再走。于是这年轻人便在黄家住宿。第二天一早，他朝对面山上望去，只见形势雄伟，风生气聚，如蝙蝠挂墙，便向主人禀明，这是一个建造祖屋的风水宝地。黄家主人喜出望外，即请主持。原来这位年轻人是位风水师，说来还是当年为杨家兴建祖祠那位高明先生的徒弟。年轻人说："我很乐意。不过有件事还得查看清楚。当年我师傅为杨家兴建祖祠，做的是个虎形，俗话说'一虎管三坑'，如果位置点中的话，你们这个祖屋也没有必要建了，你们的地盘都将给杨家吃掉，还是乘早迁往他处为宜。"经过一番查看，发现杨家祖祠位置并未点中。那的确是个虎形，不过正前方有个滚圆的山坡，状如一块肥肉。"这是一个吃饱了的老虎，正在睡觉，没有进攻性。"于是黄家请这位年轻的风水师主持兴建祖屋，便是如今茶山人称为"对面山"下的绍德堂。绍德堂建成以后，黄氏家族果然逐渐兴旺，人口与财势几可与杨家分庭抗礼。

茶山人在讲述这个故事的时候，不忘强调他们老祖宗传下来的一个家训：对人一定要热情相待。他们说，杨家祖祠之所以并未点中位置，就是因为当时为其主持兴建的风水先生遭到女主人的怠慢。传说当时风水先生总是坐在大门口查看风景，经常一坐就是一整天。杨家女主人每早担水进门，觉得他碍手碍脚，口中常有不耐烦的抱怨之词，因而先生觉得此家福薄，故意没有将虎形祖祠做到完美。

当时与黄家杂居在此的，还有一个人口较多的吴姓家族。传说兴造绍德堂的时候，风水先生将奠基仪式的时辰选在深夜丑时。丑时已到，眼看村中吴姓人家的灯光逐一熄灭，却有一户人家总是亮着灯。黄家主人催促先生："丑时已到，该上香鸣炮了。"先生却说："不急，再等等。"又过了好一会，黄家主人再次催促，风水先生若有所思，说道："那一家的灯光，为何还一直亮着？"有人前往打探，回来说道："这家白天收了很多番薯藤，现在在砍番薯藤喂猪呢。""知道了，再等等。"一直等到丑时尾，那一家灯光还是没有熄灭。眼看选定的吉时就要过去，风水先生不得不宣布仪式开始，上香，鸣炮。原来风水先生的计划，是要等吴家的灯光全部熄灭后才奠基的。据说绍德堂建成以后，吴家势力日渐式微，陆续迁往他处了。但是不管黄家如何兴旺发达，吴家却总是能在此地保留一户，历经几百年，直到现在也还如此。

当时绍德堂周边的范围，还有温姓居住。传说风水先生对黄家主人说道："你们入伙以后，每月初一、十五不要生火，可去温家灶头借火煮饭。"黄家依计而行。如此过了几年，温家也是日渐式微，终于迁往他处居住了。如此这般，这条狭长的山谷盆地，终于形成杨、黄两姓各占半坑为势力范围的基本格局。

族谱中记载的绍德堂，先是第四世观达公营建了堂下侧的观达楼，到了第七世，茶山村人称为东松公的完成了主体建筑。随着祖宗屋绍德堂的最终修建完成，茶山村的黄氏家族文化初步形成，茶山村进入了一个稳定发展，日趋成熟的阶段。此后的数十年间，黄氏宗族不断繁衍，至十世士美公建创毅公祠的年代，黄氏宗族在茶山村人丁有三四十人。十到十一世，茶山村迁居外地的有三人：九世竹池的长子和三子移居永安，十世钦美之子应俊移居惠州。大致可以看出，尽管茶山黄氏宗族的人口不断增多，但外迁人数并没有随之增长。茶山村七到十一世的黄氏宗族处于缓慢发展的过程之中。

清代初期到中期，茶山黄氏已从十二世繁衍到十四世。清代休养生息的政策令黄氏宗族人数迅速增长，在数十年时间中，茶山村出现了第一次人口增长的高峰期。当时村中的黄氏族人，十二世有 19 人，十三世有 40 人，十四世有 41 人，总计 100 人。这一时期，茶山村也开始了大规模向外移民的过程。

十二至十四世向外移民分布情况

世系	东南地区				西南地区			合计
	浙江	江西	湖北	广东	四川	广西	云南	
十二世	3							3
十三世		1	1		16	2		20
十四世				1	38	10	1	50
合计	3	1	1	1	54	12	1	73

这是茶山村历史上前所未有的大迁移。十二至十四世中，有四支六人分别迁居江西、浙江、湖北和梅县汀洞等地区，其余人口大多迁往西南地区的广西、四川。

看茶山村的人口发展及迁徙历史，不难看出这也是客家地区特别是古嘉应州的人口发展及迁徙历史的一个缩影。据清《光绪嘉应州志·食货》统计，明洪武二十四年（1391）梅县有1686户、6989人，人均田地山塘29.6亩，但停留不到150年左右的光景，如嘉靖十一年（1532），人口暴涨4.5倍，达3097户、38366人，而人均田地山塘简缩至洪武时的30%左右，只有8.8亩。到了清中叶，这种人口与土地的矛盾更加尖锐和激烈：嘉庆二十五年（1820）嘉应州五属（梅县、兴宁、长乐、平远、镇平）人口密度达135人／平方公里，仅次于广州府、潮州府和高州府，在广东排第四。与2000年统计的梅州人口密度为240人／平方公里的数据相比，仅少一半，如此可见当时的梅州已不是地广人稀，而是地狭人稠了。

清朝以后，迁居广西的客家人大增，遍及山区各地。特别是清初，清政府招谕各地农民入川开垦因战乱荒废了的土地，此即"湖广填四川"运动。广东客家人入川的人数因此大增。

随着人丁越来越兴旺，茶山村的黄氏宗族势力逐渐扩张，也为其成员成长提供了良好的条件。特别是到十四世，宗族中就出了七个监生（监生即在国子监读书或取得进国子监读书资格的人），其中弈盛五子四监生、弈亮一子一监生、弈辉六子二监生。这一时期的茶山黄氏宗族获得了较大的发展。到了十五世，伯宁公三子毓腾曾官至布政司经历厅经历，掌收发文书，正六品官职。族中出了这么一位有身份的官员，茶山村自然开始成为被人敬仰的村庄了。

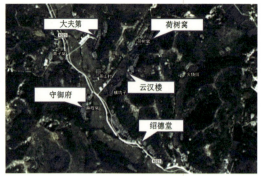

清末民初，茶山人走得更远，开始下南洋。由于茶山村毗邻梅江河，只需选择顺流直下汕头港，进入南海，便能走向世界。黄氏族谱对下南洋这段历史的记录是：十五世毓礼，次子客终南洋；十五世毓新，次子客终南洋；十六世学庆，公终南洋。到了十七、十八世后，子孙们已开始在南洋一带扎稳了脚跟："十七世为稻，子连华，公终南洋……十七世为发，子菊华，湘华，绮华，彬华，公终喏叻（新

1
—
2

1. 茶山村卫星图
2. 为表彰取功名者所立的旗杆夹

加坡）……十七世添秀，公终喏叻（新加坡），建云汉楼，云汉女子学校……。"黄氏子孙在南洋获得一定的收入或地位之后，回乡买地建楼，这一风潮一直持续到新中国成立之前，迄今共保留有 34 栋精美坚固的客家民居，堪称客家民居的典范。

绵延至今，和我们看到的所有姓氏繁衍的结果一样，开基祖云祖公的子孙已在茶山村生根开花。茶山人恪守祖训，耕读传家，崇文重教，因此历代名人辈出，人文底蕴雄厚，子孙中不乏对广东乃至全国发展进程有重要影响的人物。据资料记载，从宋代至清末废除科举制度期间，茶山村共有进士、贡生、监生以上学位者 48 人，村内仍保存有 16 根楣杆石。成就较大者如下所列：

黄伯能：清朝康熙年间贡元，经商累资甚巨，为茶山中兴先祖；

黄毓腾：清朝乾隆年间贡元，官至布政司经厅；

黄毓秀：清朝嘉庆年间贡元，官至守御；

黄镜堂：清朝道光年间贡元，官至资政大夫；

黄庆捷：清朝中后期进士（进士楼）。

近现代人物有黄钧选、黄琪翔、黄新华、黄心维、黄甘英、郭秀仪等，其中省部级以上干部四人、将军四人，而散居海外的政治、军事、经济、文化诸方面杰出人物已很难一一统计。

厚重的文化遗产和丰富的建筑遗存，衬托出茶山村的质朴和宁静，也体现了客家人崇文重教的优良传统。客家围屋、客家民俗和热情好客的客家人，与美丽的自然山水和田园风光交相辉映，造就了茶山村独特而优越的地理与人文环境。

梅江，母亲河

初入梅州，春雾浸润的梅江总会使人觉得福地终年水绿山青，人杰地灵，物产丰富

距离水车镇西不远处的茶山村，向来并不为人所知，其原因除了传承客家人历来的韬光养晦、朴实不喧外，更重要的原因是交通阻隔。水车镇与茶山村相距不远，可是中间横隔了一条河——梅江。在水车大桥落成之前，这几乎就要算是一道交通天堑了。

梅江，是梅州客家人的母亲河，当然也是茶山人的母亲河。河流全长 305 公里，流域面积达 23000 平方米，由河源市紫金县起，自西南向东北依次流经梅州境内五华、兴宁、梅县、大埔等县，其中也从茶山村所在的水车镇旁滔滔而过，在大埔县三河坝与福建而来的汀江、梅谭江汇合，奔流到潮汕，下游流段又称做韩江。梅江在广东东部大地蜿蜒上千里，在崇山峻岭中辗转无数，最后择地闯出豁口直倾入浩瀚南海。

这条江蜿蜒所经的流域，几乎贯穿了整个粤东大地。而这条江不同流段的名字，就可以说是一段粤东大地的文明风化史。梅江上游在梅县境内有一支流，名为程江，这就与程乡一样，得名于南齐时的道德名士程旼。而梅江的干流，古称梅溪，按明代名士李士淳的说法，得名于汉代将军梅鋗。这条江的下游名为韩江，此源于唐代文豪韩愈。韩愈因谏迎佛骨被贬，做了八个月潮州刺史，以一篇驱鳄雄文，声震雷电，"赢得江山皆姓韩"，潮州之山名为韩山，潮州之水名为韩江。所以说，这条江涵括了三个名字：程旼、梅鋗、韩愈。程以德、梅以功、韩以文，风而化之，使粤东大地由蛮荒之地成为文明之乡。

梅江干流原名梅溪，在唐朝之前称为恶溪。传说梅溪有三恶，一为蓬棘石滩，二为鳄鱼，三为瘴气，故定为贬谪之地。在唐末之后，不断涌入来自北方的汉族人，他们带来了北方的文明，使这片大地逐渐兴旺发达，昔日的瘴疠和魑魅已不复存在，恶溪之名也逐渐消失了。梅溪之称在五代的南汉时期开始出现。梅溪之滨的梅口镇（即今梅县松口镇，位于茶山村所在的水车镇下游），始建于南汉初期，比梅州之名历史更为古老，梅口之名显然因梅溪水口而得。在梅口（松口）的松山下新墟角北有座梅溪宫，曾于清乾隆十七年（1753）修建，而始建于何时则无考，供奉有梅溪神，神牌曰：敕封梅溪助国安济侯之神位。学者房学嘉在其著作《客家流源探奥》中推证：梅溪宫所奉之神梅溪圣王，即秦汉时的梅鋗无疑。

过了水车镇的水车大桥，再往西走15分钟，便是茶山村了。这条横跨梅江的水车大桥，便是茶山村后人黄甘英女士在1992年倡议建成的。以往村民到镇上趁墟①要渡过梅江，因为没有桥梁，只好通过梅江边上的渡口搭船

注：
① 趁墟，赶集的意思。

过渡。

　　水车渡至少在清朝已有，"曰水车三渡，一大立堡众设，并买水车墟中心码头上第一间，瓦铺一间，收租给渡夫工食"。其中，"大小立堡，有鱼塘渡"。听水车镇老人说，民国至新中国成立后水车大桥通车之前，只剩下两个渡口了，其一为上游的邱屋排渡，其二就是古志书所说的鱼塘渡。鱼塘渡渡

口在大立溪和梅江交汇处的梧塘，水车大桥通桥以前这里有三条船，船只都是无舱木船，要靠船工肩撑摆渡过去，最多只能乘20人。清华大学美术教授、雕塑家黄心维曾写诗生动描绘了当时过江等候渡船的情景："人流涌向大江边，摩肩挤腿等渡船。篙手老曹腰板硬，逆水横流逐浪前。"船工的生活费用由附近村庄集体负担，大约每家出三五斤米，每年支付一次。从20世纪70年代起，梅县各处渡口的大部分木船改为机动船，水车渡也是如此。1992年水车大桥建成通桥后，这个渡口也就逐渐废弃不用了。

如今通往茶山村的道路为"206"县道，笔直平坦。在畲江大桥和水车大桥尚未兴建之前，从茶山到县城有两条通道，一是从村口过渡到水车，从水车坐船溯江而上；二就是走茶山古道了。茶山西、东面皆丘陵重重，这条古道就在村南面的四脚山脚往西北、东南向蜿蜒，南通畲江镇，

1
2 3

1. 水车镇茶山村卫星图
2. 横跨梅江的水车大桥是茶山村后人黄甘英女士在1992年倡议建成的
3. 在这之前，村民到镇上趁墟要过梅江，因为没有桥梁，只好通过梅江边上的渡口搭船往来

茶山村

中国名村·广东茶山村

古道宽约两米，如今虽为杂草乱竹掩盖，但仍可看见路中铺的石板

北达荷泗镇到县城。古道宽约两米，如今早为杂草乱竹掩盖，只在隐约间可看到道路平缓，路中铺有石板，据村里老人回忆，在20世纪五六十年代的时候，这条道路还是方圆几十里村庄的人们到县城必走的陆地交通要道，宽处可以并行而过两辆"鸡公车"。除了这一条路，茶山还有两条小路与外界沟通，一条是循叶坑子向北的小道，翻过一座山岭，可达张凌塘，顺张凌塘东下为梧塘，向北则为塘坑里，路至此而止；另一条是在茶山与荷泗之间的山路，道路东南尽头就是古时的大立渡，通水车墟。这里设有水车讯，有兵房五间，快船一只，主要负责稽查盗匪和地方防卫。

中 国 名 村 · 广 东 茶 山 村

梅州境内多以海拔 150~500 米之间的低丘陵为主，面积达 1644.4 平方公里，占 54.5%，其余则是河谷盆地，盆地狭窄，耕种面积有限，矮山低丘围合小盆地成为梅州客家村落的典型生存环境，但这里四季光照充足、雨水丰盈。茶山村也是处于这样一个丘陵地带，村落四周山脉连绵，最高的山岭是东南方六公里外，水车镇与梅南镇交界处海拔 1039 米的九龙嶂，东南方再走八公里还有一座海拔 428 米的贵人峰。村中一位八十多岁的老人回忆说，20 世纪三四十年代茶山村四周山岭上都是郁郁葱葱的大树，这与客家人喜好在屋后种植风水林有关，但是新中国成立后有一段时间把大树都砍光了，现在山上大部分是后来补种的松树和杉树。

　　茶山村正好位于南北两条丘陵带之中的山间盆地，村民

村民收藏当年用过的鸡公车（独轮车）轮子

左边老房子所处的山坳叫做叶坑子，右边老房子所处的山坳叫做荷树窝

们延续建村时候的风水，习惯称北山为"黄龙山"，称南山为"四脚山"。而在盆地的口部，又横亘着一座龟形山，有"龟山把水口"之说。两山之间有溪流自西而东潺潺流至不远处的梅江，平日村民多引来灌溉两边农田。整座村落就沿着山谷两边和小溪营建，根据山谷的地形再分别叫做叶坑子、荷树窝和横坑子（客家人称呼山谷为"坑"，稍小一点称为"窝"），其中叶坑子的地势较高。

　　位于北回归线以北附近的茶山村，属亚热带季风气候，常温湿润多雨，加上处于丘陵盆地之中，即使在相对干燥的冬天，稻田的水也不干涸。田深水冷，土质甘肥，这样的气候与地理环境，非常适合种植各类农作物。加之地形是隐蔽的半封闭状态，而水陆交通却又相对方便，茶山村可谓得天独厚。黄氏先祖选址于此，深有眼光。

田园牧歌

现在茶山村共有居民160户、798人，常住人口不到100人。拥有水田580亩，旱地420亩，林地多于田地四倍，达4380亩。水田以种植水稻为主，在旱地处偶尔会种上其他粮食作物，如小麦、甘薯、木薯、马铃薯、高粱、玉米、葛等，另外还有大豆和花生等作物。小麦一般在"小雪"前后种植，次年清明前后收获。水稻种有早稻和晚稻，早稻在春天二三月播种，一般是在"惊蛰"前后。早稻收割完就开始种晚稻，正值"立秋"前后。村里多用拖拉机耕田而少用牛耕，但有村民仍觉得牛耕的田地会平整些。

除此之外，月塘前及房舍周边的空地也被开挖为种植地，多种些蔬菜作物，如豆角、芥菜、葱、蒜、稚、萝卜、白菜、冬瓜、南瓜、茄子、菠菜、芋、黄瓜、苦瓜、丝瓜等。水果方面，茶山村常见的有香蕉、柚子、柿子、柑橘

2
1	3
4

1~4.茶山人在门前屋后开辟种植了许多蔬菜、水果等农作物。

等。其中柚子是民国四年 (1915) 丙村旅印度尼西亚华侨郭仁山回乡途中从广西容县引进的，初在丙村教人种植，后扩展至茶山。

若时值冬日，村里不少妇女都坐在古井边或家门口，处理刚收成的葛。她们将葛捣烂了做葛粉，拿来炸猪肉吃。同葛相似的还有木薯，现在主要切碎发酵用来喂猪，也有把木薯切片晒干，再磨粉食用。有意思的是，村里还种有一种特别的植物，据说是新中国成立前海外华侨带回来的，村民随老辈称呼为"暹罗"，因其从泰国（暹罗）引进。其叶状如虞美人，根部扁长，剥开后见粉肉。村里许多人都种，平时可磨粉做肉丸，也可用

来煲汤，味道鲜美。一株农作物的名字，可见到茶山村的华侨史，让人感叹。

村里各家各户普遍养有鸡、鸭、鹅等家禽，大多采取放养的形式，任凭其在门前门后觅食，到了天黑的时候再赶回家。村里各农户过去还养猪，但现在已很少有人养，有村民说一是养猪麻烦，二是没有足够的房舍用做猪圈。作为农村中重要的帮手——牛，随着村中耕田改用拖拉机等先进方式，越发少人养了。值得一提的是，现在基本上家家户户都养狗，用途自然是照看家门。

影响茶山村农耕生活的灾害主要有霜灾、水灾和虫害。虽然说在茶山村乃至广东地区并没有和北方一样的冬天，即使是在最冷的月份，也很少有低于零度的日子，但当冬季到来，霜冻还是免不了的。梅县有流传的农谚说："霜降降禾黄"、"冬至在月头，无被唔使愁；冬至在月腰，有米无柴烧；冬至在月尾，冻死老乌龟"。尤其是在晴朗的夜晚，没有云层的保温，地表温度迅速下降，"雪下大山霜打洼"，处于山间谷底的茶山村最容易遭受霜冻的侵袭。村中八十多岁的老人回忆茶山村曾于 20 世纪 50 年代遭受过一次严

	5
4	6

1	
2	3

重的霜冻（考方志为 1952 年 1 月，因受寒潮影响，全县气温低至 -7.3℃），农田的大部分作物甚至山上的小树都冻死了。如今，随着全球气温的升高，这样的霜冻情况已很少见。

因为毗邻梅江，水灾也是茶山村最常见的灾害。《梅县志》提到："民国三十七年，梅县受浸农田 10 余万亩，毁民房 37 万间，死 1 人，7 万余人受灾"，"1986 年 7 月 11 ~ 15 日，受 7 号台风影响，全区连续三天暴雨……其中梅江及其主要支流，先后出现 2 ~ 3 次洪峰，梅江沿河 19

1~3. 暹罗种植于水边，状如虞美人，根部肉嫩，淀粉丰富，煲骨肉汤可以去肥腻，味美甘甜

4. 村里家家户户养狗，方便照看家门

5~6. 在茶山村的溪流池塘，随处可见广东东部特有的狮头鹅。这是国内外最大的肉用型鹅种之一，体躯硕大，头深广，额和脸侧有较大的肉瘤，从头的正面观之如雄狮状，古称狮头鹅

中国名村·广东茶山村

条主要堤坝，有18条缺口64处，长2344米……其中梅县、五华、丰顺县县城受淹"。茶山村在一次又一次的水患中也未能幸免于难。

历史上，茶山村曾发生过严重的虫害，居民的日常生活大受影响。如古志书上记载道："同治初年，毛虫食木，州之南大立一堡弥望，茶山妇女渡河樵采，入邻堡，凡三四十里。鸡鸣出门，午后返屋，肩两束草，值数十钱，其苦甚矣。"当时村民烧火做饭需要的柴火成了大问题，只好早早出门渡过梅江，花上半天时间，步行三四十里到邻村的山上砍柴。

村民提到自己在外工作的亲人或海外的兄弟时，无一不是一脸的骄傲，然而他们对村外的生活并无太多仰羡，也不想离开茶山村。一位老人诉说一天的生活：农耕的时候，天四点多就开始亮了，人五点多要起来做饭，吃了早饭便下田劳作。一日依旧三餐，进餐时间并无严格规定，通常都是干完活再吃。农闲的时候，天六七点才亮，天亮了才起床，如果还有农活就去干，比如下田料理（去田里收割扎捆稻梗）、摘沙田柚等。没有农活则可以到处"嬲"①，那么，"嬲"什么呢？顶多是三五成群聊天度日。晚饭后，若在夏夜，大家就会搬凳子到屋外乘凉闲聊，冬天自然躲在屋内，如今，村里几乎家家有电视，所以大家晚上在家看电视也成为流行，一般十点多便上床休息。

此前有许多研究认为：客家人本为中原汉人，因各种原因由北方中原故土到南方蛮夷之地的长距离迁徙，使他们不得不抛弃许多东西，却不会从根本上背离祖辈所赖以维系其生存的基本元素——土地与农耕。然而，客家人和客家风情，或许只是各种精美文字、图片、影像构建的过去时光和画卷，村庄的农耕生活正在现代化的车轮碾压下逐

渐萎缩，客家人的勤耕力作之风似乎正随山风走远。

　　无论外面的现代生活如何繁华，村里的时光却总是很宁静，这一切会让早已离开土地的城里人觉得遥远而美丽，有时也难免失落。

　　茶山村安静的农耕生活，少的是很多耀眼的灯光，多的是漫天的星斗，这未必就是落后。或许是因为我们走得太急、太远了，忘记了这或许也是一种幸福。

　　茶山村，她如一支短笛，唱着一曲美丽而忧伤的田园牧歌。

1 | 2

1. 老屋的老锁，锁住了难忘的岁月
2. 隐居于山的茶山村

注：
① 客家话，玩耍的意思。冬至的时候，有客家俗语："有食、無食，踯到天穿。"

山歌台

中国民间
文化遗产
抢救工程
THE PROJECT TO CHINESE
FOLK CULTURAL HERITAGES
SOS

干活干累了，想要休息一下的时候，人们往往就是放开喉咙吆喝一声，看看附近的山头坑坳之间是否同样有干活的人们，如果得到回应，那么山歌就唱起来了。有时即使没有回应，也会独自唱山歌。歌声在山间回响，既是交流，也是娱乐。在山歌里打情骂俏，在现实中求神拜佛，这就是茶山村女人生活的写照。如果说，山歌里呈现的是茶山女人活泼的天性，现实中呈现的，则是由客家人的生存状态所决定的一种后天的、文化的人性。

茶山《国风》

茶山有山，其山不高，一个又一个山头连在一起，连绵起伏，蜿蜒曲折，气势磅礴。南北两条主要山脉之间形成的山谷、盆地，就是茶山人和黄塘人繁衍生息的地方。山谷底部约一半范围，名黄塘，即黄泥塘，为杨氏族人聚居之所。如今黄塘杨氏的人口总数已超过茶山黄氏，黄塘自然村里的人们将原黄泥塘的地名叫成洋（杨）泥塘，竟也越叫越广了。而山谷临近梅江这一端的口部，则为黄氏势力范围，其中又按山脉走势分为上排、下排，上排即茶山村，下排为大新村。想必在这条山谷之中姓氏之间的争斗非常

激烈，以至于地名之中的黄、杨字眼，也变得十分敏感。

南北两条东西向的主山脉上，又各自伸展出一些南北向的小山脉，形成一些小型的山谷，同样适宜开垦居住，如叶坑子、横坑子、荷树窝。总的说来，茶山村的山地面积远远超过平地、水田面积。群众的劳作，除了下地耕种之外，就是上山。山上的活计，包括伐木、砍柴、割草、打猎、摘野果等。此外，走山路，在山上开垦荒地等，也可算是远离村庄人群的"山活"。干活干累了，想要休息一下的时候，放开喉咙吆喝一声，看看附近的山头坑坳之间是否同样有干活的人们，如果得到回应，那么山歌就唱起来了。有时即使没有回应，也会独自唱山歌。歌声在山间回响，既是交流，也是娱乐。

> 日头逼出坳里来，坳里就有山歌台，
> 坳里就有梁山伯，两人坐下对起来。

客家人的山歌和这些山岭一样，唱得连绵不绝，缠绵不停

茶山村

中国名村·广东·茶山村

歌里唱到的"梁山伯"，显然是青年男子的代称，唱这首山歌的人，当为一青年女子，自比祝英台，邀请男子对歌。歌中唱到的"山坳"，正是梅州丘陵地带典型的地形。山头与山头连接之处，往往有一块平地，称为"坳"，是走山路干山活时歇息的好场所。

山歌所唱的，大部分为男女互相表情达意的内容，对歌是常见的形式。

要唱山歌讲过来，一条去就一条来，
三条去了冇条转，水笃戏棚会衰台。

这是在正式对歌之前与对方"讲过来"，即协商规则与条件。要求我唱一条你也得唱一条，否则就像戏棚搭在水面上一样，唱不下去了。

哇唱山歌就唱歌，转去屋下嘴莫多，
转去屋下嘴要稳，传来传去是非多。

继续讲条件。对于我们这次相会、对歌，还要保密，传到山下的村庄，给各自的家里人听到，引起闲话、是非，那就不好了。

你爱山歌唱你听，莫嫌山歌莫嫌生，
山歌不是坏米煮，那（么）远阿哥来才唱你听。

山歌台上一再犹豫、扭捏，犹抱琵琶半遮面，就是不进入正式的内容。这就像舞台上好戏开场之前的过门、锣鼓，需要反复铺垫、延宕。

日之夕矣，牛羊下山

唱条山歌阿妹听，害我等哩脚冰冷，
见人问我做嘛格，害我死死都唔敢声。

这是表白等待的心情。而且这等待是私密、"地下"的，受了苦还不能让人知道。

隔远看到心肝来，害我心跳花花开，
行前看到又不是，千斤石头砸下来。

山歌正式开台了。直接将自己的心上人呼为"心肝"，如此大胆、直白，正是茶山山歌的一大风格。孔子说："诗可以兴、可以观、可以群、可以怨，弥之事父，远之事君，多识鸟兽虫木之名。"山歌类似古乐府，也有点像《诗经》中的《国风》。古代的皇帝派专门的官员到民间搜集民歌，因为相信民歌能够反映老百姓的生活和心声。而"天视自我民视，天听自我民听"。百姓的声音、情感、愿望，可以代表"天命"。

茶山山歌中的情歌，当然不如《关雎》那样温柔蕴藉，但如《将仲子》那样的也为数不少，而这一首与下一首，风格似更接近乐府民歌中的《上邪》。

好久不曾见心肝，见到心肝心就安，
见到心肝心欢喜，唔得（盼望）心肝粘心肝。

四句里面有五个"心肝"，这种反复的"直陈其事"，类似于"赋比兴"手法中的"赋"，情感之热烈，给人的印象极为深刻。

—中 —国 —名 —村 —· —广 —东 —茶 —山 —村

茶山村

滔滔梅江养育了茶山人豁达开朗的性格

昨夜发梦真罕奇，床头那个好像你，
揽住床刀来亲嘴，把我的仰起（下巴）磕烂哩。

客家人的床，床沿有一长条形的木栏，用以遮挡，使床上的被褥等不易掉到床下，叫着"床刀"。这首歌以白描手法，所描述的情景，实为有趣。

新打镰刀利霜霜，一心拿来刈辣芒，
哪有辣芒不刈手，哪有阿妹不连郎。

辣芒是山上的一种植物，一般长在山沿低处，辛辣有芒刺。茶山山歌，同样也可"多识鸟兽虫木"之名。而以辣芒之刈手引起说阿妹之连郎，正是《诗经》"国风"与乐府民歌中常见的手法，即"赋比兴"中的"兴"，以他事引此事也。

茶 山 村

中 国 名 村 · 广 东 · 茶 山 村

49　山 歌 台

镰刀一去柴枝断，连郎一世有相干，
九冻十月霜雪大，未曾抵得妹寒暖。

首句起兴，然后就是"兴观群怨"的"怨"了，但怨而不怒，哀而不伤，也可算有蕴藉之美。

新打镰刀两面乌，郎就割草妹割芦，
放下镰刀同郎嬲，郎就冇草妹冇芦。

山歌来自劳动生活，几首山歌都以镰刀起兴，因为山上的活计多半为用镰刀砍柴、割草。"芦"，是茶山乃至整个客家地区的山上漫山遍野生长的一种植物，全称"芦箕"，用做柴火。"嬲"为客家方言，为休闲、玩耍之义，而本意较多倾向于男女之间的玩乐。因为与恋人玩乐，耽误了活计，回去恐怕不好向家人交代了。浪漫有趣的情感生活，常要受到日常现实目标的影响，这一类内容，也是茶山山歌所常见的。

田里冇水难莳禾，穿着木屐难过河，
没钱能够连妹子，大家都不用娶老婆。

这就回到日常生活的观念来了。唱山歌谈恋爱，常到忘情的程度，特别是青年男子，倾向于用山歌中的甜言蜜语来征服女孩。这位女子却很冷静，给了个不大不小的软钉子。下面这首也是同样的意思。

山歌山歌唱山歌，山歌不消唱那（么）多，
山歌若唱得妹俚到，耕田都不用牛来拖。

现实观念之下，勤劳、节俭就是获取美好生活的途径。慢慢地，山歌就有了一点劝世的意味了。

平字写来单脚企，平吃平穿才可以，
有妻之人莫再娶妻，一夫一妻才可以。

听我说来就有差，劳动生产顶呱呱，
先日之时穷光蛋，今日搞到那（么）春砂[1]，
就是两人做起家。

不是愿意家里穷，只要两人肯用功，
且看檐头水一点，日滴夜滴石头空，
铁棍磨成绣花针。

可见茶山山歌，不仅是浪漫的，也是现实的。因此在"大跃进"新民歌运动的时候，就出现了新山歌，也很不错。如在当时用做人民公社食堂之用的畅云楼墙壁上，就用毛笔写着一首山歌，旁边还有一幅壁画，画着嫦娥抱玉兔翩翩下凡。

丰收歌声篇连篇，歌声冲上九重天，
仙女闻声心情动，情愿下凡当社员。

注：
① 春砂，好光景，有名誉的意思。

中国名村·广东茶山村

男人女人

山歌里唱的男男女女，生动活泼、充满人性。而在现实的环境里，茶山的男人们和女人们，是怎样生活的呢？

光绪《嘉应州志》卷八载曰："中上人家妇女，纺织缝纫，粗衣薄妆，以贞淑相尚。至村乡妇妪，椎髻短裳，任田园之务，采山负担，蓬跣往来，未免鄙野。然而甘淡泊，服勤劳，其天性也。"

自古男耕女织，男人任田亩事，女人任家务事。然而茶山乃至梅州的客家女人，既上山砍柴，下田耕作，又在家缝纫，洗衣做饭，内外兼为。该女人做的事女人做，该男人做的事也是女人做。因此自古以来，赞美客家女人之勤劳俭朴、任劳任怨、无私奉献等美好品质的篇章不知凡几。然而，客家女人固然伟大，可是人们不禁要问，男人干什么去了？这习俗是如何形成的呢？

客家女人古时称为"健妇"，这是相对中原与江南富饶地区的女人而言的。女人出生后，富家为千金小姐，贫家也得养在家里，不便抛头露面。后来甚至还有缠足的习俗，自然是足不出户。而客家女人，一般就是一双天足走遍山间田野，所以称为"健妇"。

对此，光绪《嘉应州志》论曰："州俗土瘠民贫，山多田少，男子谋生，各抱四方之志，而家事多任之妇人。故乡村妇女，耕田采樵，缉麻缝纫，中馈之事无不为之，系之于古，则女功男功，皆兼之矣。至海禁大开，民之趋南洋者如鹜，近者或三四年五七年始一归家，远者或十余年二十余年始一归家，甚有童年而往而皓首而归者。当其出门之始，或上有衰亲，下有弱子，田园庐墓，概责之妇人经理……然而妇人在家，出则任田园樵苏之役，入则任中馈缝纫之事，古乐府所谓健妇持门户胜一丈夫，不啻为吾州言之也。其或番银常来，则为之立产业，营新居，谋婚嫁，

如今村里多是老人在劳作

延师课子，莫不井井有条。其或久赋远游，杳无音讯，亦多食贫攻苦，以俟其归，不萌他志。凡州人之所以能远游谋生，亲故相因依，近年益倚南洋为外府，而出门不作惘惘之状者，皆赖有妇人为之内助也。向使吾州妇女亦如他处缠足，则寸步难移，诸事倚任婢媪，而男子转多内顾之忧，必不能皆怀远志矣。"

这就将健妇形成的历史原因揭示得很清楚了。而这段论述，不啻为茶山村言之也。

自清末以后，茶山的男人80%以上都下南洋，或受雇打工，或挑担设摊，或经营生意，等等。而家庭内外，女人一力承担。当下南洋的男人赚了钱财回来之后，兴田置屋、延师课子、买办交易，这类家庭中的大事要事，均由女人主持。本书后文将要说到黄琪翔将军的母亲刘桂五，就是茶山人传颂至今的名人之一。其族谱中还记载了一位杨氏夫人的事迹，也涉及茶山女人的户主地位。创建翼诒楼的

中国名村·广东茶山村

云祖公下十七世黄占庭，清末民初在武汉创业，创建了中和愈国药号及永昌参茸行，"誉著武汉三镇，执同业之牛耳"，他与同村的黄云辉、黄均选共同创办了绍德学校。其妻杨氏吃斋念佛，待人宽厚，慈悲为怀，并热心村中公益事业。由于黄占庭长期在外经商，家中大小事均由杨氏做主。当时乡里有迫于生计的人要将田地卖给她，她总加以婉拒，如数借钱接济，对于何时还钱却从不过问。有族人批评她说："世之富室，求田间舍多唯恐不及，汝则反是，每坐失机会，岂不知为儿孙谋耶？"杨氏淡然回答说："儿孙自有儿孙福，吾焉可恃才而贪得无厌，不顾彼求售田地者今后之生计？今怜其境遇而助之，正所以为儿孙种德求福也。"

茶山的女人，大都像杨氏这样，一心向佛，以"为子孙种德求福"为己任。以往茶山女人也和别处一样，以无才为德，缺乏文化知识。由于村中男人远赴外地谋生，家庭甚至族中"内政外交"均需女人打理，甚至还要主持儿孙的教育之事，不能识文断字当然不行。所以村中有识之士毅然办起了一所云汉女子学校，专门为族中的女儿、媳妇培训文化知识。由于从小受惠于女人者甚巨，茶山村的一众名人，均对母亲言听计从，顶礼膜拜。外交家黄均选如此，大将军黄琪翔亦如此。雕塑家黄心维"文革"期间回村居住，特意为母亲塑了一尊头像，由家人保存至今。

茶山村如今有三十多座保存完好的古建筑，这些大都是下南洋的男人赚钱回来修筑兴建的，每幢楼留下的都是男人的名字，可是当时兴建过程中主持大小事务的，

村民总是露出山里人独特淳厚的笑容

却并非男人，而是女人。茶山的各类文
化遗存，包括那些杰出人物如黄均选、
黄琪翔的成长、教育等，如同这些美丽
的建筑一样，女人都功不可没。我们将
在本书中接触到的女人，如前面说到的
杨氏、刘桂五，如郭秀仪、黄甘英，再
如唱山歌的徐新兰、罗来娣，宝峰寺的
斋嫲罗红嫦等，都是典型的客家健妇。

一家亲

由于女人在家庭中担负的责任非比
寻常，古时茶山与梅州的客家女人之中，
有一种童养媳，在孩童时候即已娶进家
门，为家中的男童作妻，等到成年后正
式圆房。童养媳到处都有，可在客家地
区尤为普遍，究其原因，就在于从劳动
力的角度而言，女人的作用非男人可比，
操持家务、护理门户，非有女人不可，
如果一家没有女儿，那就有必要给儿子
娶个童养媳回来。娶来的童养媳一般年龄都比男孩大，原
因就在于这女人娶回家，本来就不是用来养的，而是用来
干活的。甚至有时一家的儿子还没出生，就已娶了个童养
媳回来干家务活了，这女孩到了婆家，一边操持家务，一
边等着她的丈夫出生、长大，这就叫等郎妹。等男孩出生了，
到了一定的年纪，还没有圆房呢，就跟着叔伯或兄弟外出
谋生去了，这样等郎妹就不得不继续等下去。有时甚至出
现一种怪现象，就是一家娶了童养媳回来，可他的儿子却
一直没有出生，这样等郎妹就得等一辈子了。等郎妹的存在，
从一个角度证明了客家女人的辛酸史。

一直有人认为客家人重男轻女，说男子多逸，诸事责

中—国—名—村·—广—东—茶—山—村—

之女子。意思似乎是男人好逸恶劳，什么事都交给女人干，这种说法其实是错误的，至少可以说太简单化了。古志书提到古嘉应州"男子多逸"，这个"逸"字大概不能作安逸解，而要作出门解。原来梅州（茶山村更是如此）这地方土瘠民贫，可耕种的土地太少，人口承载能力太弱，所以男人必须要远游外地，出门谋生，"各抱四方之志"，因此家中"诸事责之女子"。

客家的男人女人，分工十分明确。大概地说，男人的责任在于家族，包括继承香火，繁衍子孙，获取功名，光宗耀祖，当然包括谋取生产生活资料供给家人，因此在家的时候，诸如田亩间的耕作之事，也是男人干的。而女人的

责任则在于家庭，包括一家人的温饱健康，敬老抚幼，求神拜佛，务求老少平安，等等。可以说，家庭的天空，基本上也是男女各占半边，男人主外，女人主内，与别处无异。然而，由于"土瘠民贫"，男子必须远游谋生，家中事务不得不全部交付女人。原本对半开的家庭天空，变成了三份，而女人占其二也。其实，如果以内外而论，此时外出谋生而为"外"，家中的内务外务俱为"内"，男主外女主内的本质依然不变，大体还是各占半边天。

客家女人的勤劳、忍耐，为家庭付出的种种，几可说是一部辛酸史、血泪史。而这种情形的形成，并非在于重男轻女，而在于客家人的生存状态。客家人的生存以迁徙为

从年轻开始到如今，这些勤劳的女人一直都是村里的主力

1 | 2

1. 徐新兰老人
2. 徐新兰唱山歌的时候，眼神总流露出一股悲苦的神色

本质，历史上由于种种原因远徙他乡；以贫瘠的山地为生存环境，为争夺土地与水源，必须应付各种残酷与激烈的斗争。而争得的资源并不足以养活家人，因而男人被迫外出谋生，如此这般，一家人还并不一定能够安居乐业，其后世子孙不得不再次迁徙。从这角度来说，客家人的生存，本身就是一部辛酸史、血泪史。当然，我们仅能看到的是客家人留下的种种文化遗存，包括精美而堂皇的建筑，杰出的人才，崇文重教、慎终怀远的精神等，然而生存状态的辛酸与文化遗存的璀璨的鲜明对比，才是客家人的历史可歌可泣的原因所在。

在山歌里打情骂俏，在现实中求神拜佛，这就是茶山村女人生活的写照。如果说，山歌里呈现的是茶山女人活泼的天性，那么现实中呈现的，就是由客家人的生存状态所决定的一种后天的、文化的人性。

> 七老八十唱嘛歌，后生爱唱无奈何，
> 牵只黄牛过石壁，牛鞭一扫跄跄脚。

唱这首山歌的女人名叫徐新兰，今年80岁了，娘家是泮坑人，如今住在茶山村上叶坑的司马第老屋里，丈夫早已去世，有两个儿子，小的一个住在梅州城，大的一个先天痴呆，缺乏劳动能力，还要靠吃低保的母亲养活。也许就因如此，徐新兰唱山歌的时候，眼神总流露出一股悲苦的神色。

对于儿子不能劳动，徐新兰很无奈，也难免有些怨恨，认为这个男人很"懒"。她经常即兴唱山歌，责骂儿子：

> 有条男人是很懒，整日吃完床上摊，
> 后生有力不肯做，等到老来更艰难，
> 冇食就饿到眼翻翻啰。

对于自己眼下的生活，她也爱唱山歌自道：

> 禾怕寒露风，人怕老来穷，只晓食来唔晓做，
> 好比田里的漏水塱，冷水调盐慢慢融哦。

相比之下，罗来娣的心态就要显得乐观许多了。她今年92岁，满头白发下面，悄悄长出几缕黑发，竟有返老还童的迹象了。她三岁嫁到茶山村做童养媳，丈夫名叫黄凤鸣，79岁过世。她生了四个儿子，四个女儿，平时爱笑，爱唱山歌。

中一国一名一村·广一东一茶一山一村一

从没上过学，却能唱几百首山歌，她唱的歌，正由她的儿子黄万忠整理，准备出版。

> 好久不曾唱山歌，胃口不开唱不来，
> 过了两年来开口，门前来搭山歌台。

这是在唱歌之前，照例要来一段"过门"。

> 畲江下来是水车，一半公王一半社，
> 一半心肝同你嬲，一半心肝在屋下。

罗来娣的山歌，许多均涉及茶山村的文化习俗。畲江与水车是茶山村邻近较大的圩镇，均在梅江边，而畲江在水

罗来娣落座为我们表演山歌

山歌和茶山村伴随了罗来娣老人家一辈子，说起这些时，我们似乎看到她眼中闪烁着光芒

车的上游，所以说"畲江下来是水车"。而"一半公王一半社"，说的是茶山村的民间信仰。在茶山村的水口处，有一座公王庙，里面供奉的是公王，而门口即是社坛，供奉的是社官。公王与社官，都是土地神，是茶山一带客家民间独特的信仰。

罗来娣天性乐观，爱笑爱闹，见到一件有趣的事，即兴就唱。有一次，他儿子正在厨房剁鲩鱼肉，预备做鱼丸，她看见了，脱口就唱：

嘀嘀哆哆做鲩丸，做好鲩丸请娇莲，
请来娇莲又不要，花了阿哥几多钱。

一首首浪漫而优美的山歌背后，存在另一种沉重的现实。在山歌里呈现出来的活泼有趣的人性背后，也存在别一种人性。这就是茶山的男人和女人。

礼俗茶山

常见到各姓氏的族谱都会有"瓜瓞绵绵"一词，出自典籍《诗·大雅·绵》："绵绵瓜瓞，民之初生，自土沮漆。"意指如同一根连绵不断的藤上结了许多大大小小的瓜，引申为祝颂子孙昌盛，世代繁衍。这种殷切期盼早已深深浸染在民俗生活中，尽管现在这些年俗节庆有的已经开始简化，但我们依旧可以看到茶山人民风民俗多年来传承和发展的脉络。

过年

"百节年为首"，和各地客家人的习俗一样，过年是茶山村一年中最为盛大和隆重的节日。

茶山村乃至整个梅州地区的过年大多以腊月二十五作为跨入春节的日子，叫做"入年界"。大家从农历九十月开始晒番薯片、米糕片等，准备过年用做油炸和炒食的食品。12月冬至到了，开始蒸客家娘酒——多是村里妇女来做。腊月二十三日开始祭灶，先把灶台刷干净，把旧的灶君取下烧掉，到了年三十早上再把新像贴上，一送一迎，都要在灶前摆置酒肉、糖果、甘蔗等，还要烧香、点烛。到了腊月二十五以后，家家户户陆续忙碌地"扫屋"（清扫房屋，又称扫尘，"尘"与"陈"谐音，寓意扫掉晦气和霉运），此外，也开始"办年货"（准备新年的食品和用品）。年货种类繁多，除了自家用番薯片、米粉做糖糕、米果等，还要到水车镇或者县城买些如芋圆、煎圆、萝卜粄、甜粄、发粄、腊肉、腊肠等，自然免不了还要添置小孩的新衣新鞋、烟花爆竹、新春对联、迎神祭祖的"财宝衣纸"。

一切陆续准备就绪后，终于到了年三十。从上午开始，"总把旧桃换新符"，村民开始贴对联。值得一提的是，茶山村几乎家家户户的男人都能写一手好字，并擅长书写对联，常有人写对联到墟上卖，换些零花钱。除了在大门口贴上鲜红春联外，屋里大小房间、禽畜栏前以及水缸边都要贴上红纸条，叫做"封岁"，也叫"上红"。此时，迁居外地或者外出打工的家人也陆续赶回来，家家户户开始杀鸡做饭敬天地祖宗和伯公等神灵，村内村外响起噼噼啪啪的鞭炮声，烟火味开始在古村弥漫，平日安静的茶山村沸腾起来了；午餐后大家开始洗澡和穿新衣服，因客家俗谚说"年三十日不洗澡来年会变牛"；下午开始，有些家族就开始合家吃年夜饭，餐桌上除了有猪肉、鸡肉、鱼肉外，一般会有客家酿豆腐和大盆的"炒鸡姜酒"，饭后餐具要洗得干干净净，以备年初一全天吃斋；晚饭后开始"守岁"，先在每个房间点燃灯火，叫"点岁火"，有些人家连牛栏、猪舍也要点上灯。然后一家人集中在厅堂里，说些家长里短，给小孩派发利是，一时谈笑风生，其乐融融。到了12点以后，大人们开始烧香烛和放鞭炮接"财神"，一直持续到夜里两三点。

在炮竹起伏和夜色渐去中，茶山村又添了一岁。

年初一，村里人见面会互相拜年，说些吉利的话语，这一天全家都吃斋，"斋"与"灾"谐音，据说在这一天吃斋能够把一整年的灾吃掉，但如今许多村民并不严格遵守，只是早上吃顿斋罢了，也有不少村民会到宝峰寺和东华山寺拜神祈福。

年初二，访亲拜友。年初二和年初四，是妇女们携丈夫"转妹家"（回娘家）的日子,取双日是代表吉祥的意思。过去山区交通不便，妇女们回一趟娘家非常困难，回去后自然难分难舍，不想回来，因此梅州流传着一首有趣的童谣："初一就话初一头，初二又话年下头，初三又话穷

茶
山
村

春节来了，挂上喜庆的灯笼

鬼日，初四嬲一日，初五'唱也圩'，初六唔好归，七不去，八不归，初九初十看打狮，十一十二又有龙灯会，索性月半才来归。"

年初三，"送穷鬼"。初一、初二家家户户都不能扫地倒垃圾，等到年初三扫出屋外，将一年的穷气送出去，有些老人还会念着"富贵进我家，穷鬼蔗河下"等俗谚，意味着"穷去富来"。

年初五，这天就是"出年界"了，每家从除夕时点亮的一盏"点年光"的灯直到这天才能熄灭。从这天起，春节算基本度过，大家出门的出门，开市的开市，各奔前程了。

年初七，各地都称"人日"。这一天村里要吃"七样菜"，早在南北朝梁朝的《荆楚岁时记》有记载"正月七日为人日，以七种菜为羹"，如今广东的客家人和潮汕人都遵从这一上古年俗。各地七样菜的用料不同，梅州客家地区的"七样菜"主要是芹菜（寓勤快）、蒜（寓会算）、葱（寓聪明）、韭菜（寓天长地久）、芫荽（寓有缘）、鱼（寓有余）、猪肉（寓富足）。若是家里吃素则用腐竹代替鱼肉，同样有"富足"的寓意。七种菜肴要放在一锅煮熟，煮好后全家男女老少坐在一起享用。客家俗谚"吃了七样菜，各人做零星"，意味着吃了七种菜，就要开始干活了。所以年初七吃"七样菜"，实际也是开工仪式。

正月十五，即元宵节，新年真正结束是在这一天。随着进城务工大潮的到来，现在到年初七左右，村里的人许多都已经离开，如今，元宵节已没有了往日的热闹，不过留在村里的人还是会做汤圆庆贺，在外的人也会打电话回来问候一下。

"添灯"仪式是茶山人保留的一个传统习俗。在梅州境

上灯

内，凡是去年有男孩出生的人家，要按宗族的约定日期（各地不一样，主要在正月十五或前后，茶山村则一般在正月十二到十五），家里所有人（包括新生的小孩）都要集中到祖屋那里，由家中男人在厅堂梁上悬挂一只写着"新丁贵子"或"丁"字的灯笼，以示添了新丁，俗称"上灯"，同时要办三牲、糕饼祭祖，然后请客吃"添丁酒"，寓意请大家以后要对孩子多加照顾。

　　茶山村以前添灯所用的灯笼是纸扎的，如今许多人都到镇上买现代工艺灯笼，内置灯泡，一插电源就会亮，看起来时髦漂亮。村民一般会买三只，一只挂在绍德堂上，一只挂在自家屋门口，还有一只挂在屋内正堂上，一直要挂到正月十六或者十七才会取下。此外，上完灯后，还要到镇上买一对公母小鲤鱼，到梅江河放生。

清明祭祖

茶山村的祭祖活动中，祠祭一般是在冬至，墓祭则在清明。如今清明定为国家法定节假日，在外工作的人们可以回家，因此清明节比以往更加隆重了。至于清明祭祖的详细情形，将在下文细说。

立秋

《光绪嘉应州志·风俗》记载："立秋日，不操作，妇女不采园蔬，谓之'歇秋'。""歇秋"之意为立秋临近，夏收夏种农忙季节已基本结束，大家可以趁这个时间休整一下，又称"过秋节"或"做秋"。做秋时，人们不下地干活，因此当地人还叫做"嬲秋"。梅州过秋节时，不少村庄会举行宴席，还会举行盛大的游神，如梅县松源等地的"扛公王"活动。但对茶山人来说，这一天就没那么丰富了，只是休息一下。

冬至

在茶山村，冬至日村民们往往会吃一顿比平日更为丰盛的晚餐庆祝。根据俗谚"冬至羊，夏至狗"的说法，自然也少不了用黄酒来炆狗肉或羊肉，再配上姜片、红枣、枸杞等，吃了暖身滋补，以迎接寒冬。此外，冬至当天，梅县县城的黄氏祖祠会举行盛大的祭祖仪式，茶山村也有代表参加。

趁墟

趁墟是赶集的意思，在相约固定的日子，选择一个固定的地方，这个地方一般是位于交通要道的村镇。届时，四乡八野的居民纷纷赶过来交易物品，互通有无，一时车轮辐辏，熙熙攘攘，热闹非常。这是乡里人最喜欢的日子之一，称得上是"不是节日的节日"。

茶山村以前有过两个小卖铺，主要是卖些油盐酱醋等生活用品，这几年随着村民外出居住的越来越多，留在村里的越来越少，小卖铺少了生意，便关门了。村里每天固定还会有人骑着摩托车载着猪肉进来卖，偶尔还有用担子挑着蜂蜜来卖的货郎，更多的生活用品还是要到水车镇上去买。因此，到水车趁墟依然是茶山村民比较重要的日常生活。

梅县在民国以前有水车、畲坑、丙村等33处圩市，畲坑是大圩，水车是小圩。1975年，梅县革委会曾作出规定，将全县的墟日统一为每月逢公历1、6日，农忙时实行封圩。

<table><tr><td>1</td><td>2</td><td>4</td></tr><tr><td></td><td>3</td><td>5</td></tr><tr><td></td><td colspan="2">6</td></tr></table>

1. 四乡八野的居民纷纷赶过来交易物品
2. 每天会有小贩骑摩托车载着猪肉来卖
3. 裁缝和鞋匠也趁机会多接一些活儿
4~5. 不少人在街道上空闲的位置或搭上些雨棚或挤出小小地摊，卖水果蔬菜、衣服玩具、锅碗瓢盆等
6. 茶山村的黄庆祥精心挑些鸡雏回去放养

中国名村·广东茶山村

1981年才开始恢复往日的墟期。

水车墟日是农历一、四、七日，即初一、初四、初七、十一、十四……主要集中在镇上主街，沿街两边的商铺有数十家，还有不少小贩和农民在街道上空闲的位置或搭上些雨棚或挤出小小的地摊，卖水果蔬菜、衣服玩具、锅碗瓢盆等。满大街充斥着吆喝声、讨价还价声……人声鼎沸，好不热闹，从早上九点一直持续到下午一点。茶山村的村民有时会将家中的鸡、鸭、蛋等产品拿到墟市出售，然后买回些生活物品，有时候更会到镇上去探访亲朋好友。

茶山村

中一国一名一村一·一广一东一茶一山一村一

赶集去

婚嫁

此前客家婚俗中保留的中原古制"六礼"，如今在茶山村已很少见到，但"送定、报日子和送聘金，盘嫁妆，接亲与送亲，拜堂与吃面碗鸡"等礼俗仍存在，不过这已经是简化了的"六礼"。村里过去曾存在童养媳、等郎妹等特殊的婚配形式，如今已逐渐消除。

生辰

村里对孩童和老人的生辰比较重视，都会设筵席庆贺。儿童为1岁（"满周岁"）生日，成年人为60岁、70岁、80岁以上的整岁寿诞。

丧葬

曾有文章说到客家人的丧葬风俗"葬务从厚，礼务从奢，丰其筵席，醉饱灵侧，鼓乐奠别"，确实如此。比起其他礼俗，茶山人的丧葬之俗更为庄严肃穆与繁杂，其丧葬方式多沿用古中原的传统，以土葬为主，多用棺葬，新中国成立以后逐步实行火葬。其程序包括举丧、入殓、成服、送葬、葬法、做佛事等。此外还有独特的二次葬，即人死后作两次不同方式的埋葬，第一次葬，先将亡人尸体用棺木盛殓，在临时择定的墓地埋葬；第二次葬是在三四年后再将骨骸挖出择吉日重葬。如果在山上行走，经常可以看到一个小小的洞穴，里面放着一个瓦罐，这就是装有先人骸骨的"金罂"了。对此，光绪《嘉应州志》论曰："葬惑于风水之说，有数十年不葬者，葬数年必启视，洗骸，贮以瓦罐，至数百年远祖，尤为洗视。或屡经启迁，遗骸残蚀，止余数片，仍转徙不已。甚或听信堪舆，营谋吉穴，侵坟盗葬，构讼兴狱，破产以争尺壤，俗之为陋，莫此为甚。"又道："古人曰：葬者藏也，藏也者，欲人不得见也……愚民易惑，背藏之义而冒暴之嫌，犯大不孝之罪，此而谓为蛮夷之俗，岂得为过。"

旧时客家人对选择墓穴向来特别重视，凡修筑墓葬必请风水先生择日、选墓地、看朝向等，在茶山村的族谱中，从一世祖开始到清末先祖，都可以看到有许多记载选穴的文字："公与妣合葬于本村枫林树排外嘴，黄龙出洞形，亥山巳向"（一世祖云祖公），"公与妣合葬本村萍塘燕子伏樑形，乾山巽向"（二世祖奎元公），"公妣合葬大立口覆杓形，戌山辰向"（三世祖大林公）。与古志书上的记载基本相近："日不吉，不敢哭，不敢闭棺、盖棺。夜即做佛事，谓之'救苦'。择日成服，鼓乐宴客，然后又大做佛事。"

黄氏开基祖云祖公的坟墓，曾经历过一次争讼。相传当时云祖公墓旁有古冢一穴，碑刻写为南溪黄先生之墓，大约建在清朝嘉庆年间，向来就没有什么祭祀。后来有同姓黄宗存等人冒认这是他们祖伯的坟墓，以期占有。世孙监生黄云章等人知道后，气愤不已，马上呈报县令审断，最

茶山村的小孩

终判定这向来是茶山云祖公后人标挂的，不可以划削，同时兴修勒石，宝峰寺各刷碑文存执留底，以杜讼端。

不过，简单地将茶山的丧葬风俗斥为"蛮夷陋俗"，似乎亦不尽然。要知道客家人的生存，处在不断的迁徙之中，要维持一个家族的"瓜瓞绵绵"，就必得重视先人的坟茔，同时也必得与人争夺土地。择吉穴而葬，不过是为慎终怀远的精神以及争夺土地的行为找到一个具备凝聚力的由头而已。至于"二次葬"，客家人不断迁徙，每一次迁徙的时候，当然希望把祖先的遗骸带往新的居住地，因而甘犯大不孝之罪，洗视启迁先人的遗骸，以至于"屡经启迁，遗骸残蚀，止余数片，仍转徙不已"，其辛酸可见。

可以看到，客家人的许多习俗，都是被生活逼出来的。前面说到的"健妇"、"等郎妹"如此，这里的"迁葬"、"二次葬"亦如此。客家本为中原衣冠氏族，最重视儒家传统礼仪，如女人不可抛头露面，暴祖宗尸骸乃为大不孝等，可是在生存环境逼迫之下，却不得不冒天下之大不韪，岂不令人感慨系之！可歌可泣的是，客家人将传统礼仪改变了，而这礼仪的精神实质，却能够发扬光大：如健妇的存在，反而实现了女人持家的美德；启迁祖先遗骸，反而体现了对孝道的重视；再如，儒家传统向来安土重迁，主张"不远游"，可是客家人偏偏需要不断迁徙，远游谋生，而对祖先的尊崇和对土地与血缘的重视，却并未因迁徙而减弱，反而大大增强了。"年深外境犹吾境，日久他乡即故乡。"是也。

图说：茶山饮食

由于交通和农作关系，村民平日很难兼顾饮食，粗茶淡饭，物产新鲜，日子有滋有味。

茶山村民热情，节日或待客菜式遵循客家菜特点，既保持中原菜系丰腴肥美、火候绵长、香甜酥烂的特点，也融合广府菜式新鲜淡雅、少浓不辣的风格。菜肴材料大多取自当地，村里靠山依水，物产相对丰富，山岭地带生长的豆类、叶类、根类、茎类作物如黄豆、花生、蔬菜、番薯、木薯均可入肴；农家自己饲养家畜家禽，不缺荤腥，只是香料略嫌少。

在茶山的老屋里吃上一顿饭，其情其景让人回味无穷

中国名村·广东茶山村

图说：茶山饮食

1．"红焖猪肉"最能代表客家文化传统，清明或者冬至祭祖一定会有这道菜。族中将祭祀用过的肥猪分与参加礼仪的家族成员食之，俗称"太公分猪肉"

2．咸菜炒蚬肉，茶山村地处丘陵谷地，又近梅江，河汉众多，鱼鱼虾虾贝类海鲜出产丰富，农闲时偶尔捞些许，取出瓮内尚未咸化的芥菜切细丁，下油盐猛火爆炒，须臾即得佳肴，咸鲜味美

3．客家炒咸肉，古时候没有电冰箱，家里存些肉类要防腐，只能使大量的盐，渍咸抗菌。取蒜苗、青荞、辣椒等刺激稍强的蔬菜爆炒，不下油盐也是天味

4．水晶咸鸡，实为"隔水蒸鸡"，盐渍咸鸡晾至半干，不放水也无需其他香料，粗瓷大碗盛起，置笼屉内大火蒸熟，鸡肉透明酥嫩为之"水晶"，水汽凝成浓汤，原汁原味捞（拌）饭最好

5．蒸酿豆腐，客家人多开垦山地，自古豆科作物繁多，做的豆腐也最好，天下出名

6．但凡祭祖或喜庆之席，是必将豆腐改成正方大块酿好，下油锅炸至金黄，取其富（富）贵；与鱼、肉丸子相辅"天圆地方"之意，此时这豆腐"敬"的意义已大于"食"的意义，客家人对于豆腐有崇拜感，茶山村人亦然

7．炒青荞，粤系菜没有青荞，通常作为配菜如青荞炒烧肉，青荞炒牛肉，或者腌制成酸菜作餐前小吃；在茶山村吃的这道素炒青荞蛮有意思，清清嫩嫩，入口无渣，满嘴清香

8．清蒸罗非鱼，茶山村紧邻梅江，自古有村曰鱼塘，做鱼当然有心得

9．酿造客家娘酒也是茶山村人的传统，娘酒具有强身健体功能，妇女坐月子也喜用此进补，逢年过节或者喜庆宴会上都必须有娘酒佐餐

1	3	5	7
2	4	6	8
			9

图说：茶山饮食

宝峰寺

茶山村这一带的客家人，生存环境十分恶劣，生老病死之人生大苦，对其而言尤苦，因而求神拜佛的愿望特别强烈。《嘉应州志》载曰："郡俗信巫尚鬼，舍医即神，劝以药石伐病，则慢不之信。"客家人"葬则惑于风水"，认为祖先的坟茔之吉凶关乎后人的祸福，因此要祭祀庐墓，祈望先人的阴灵护佑后世。客家人特别敬畏大自然，任何时候都不忘敬天祭土。这一切，都与生存环境的特别恶劣有关。从这个角度来说，佛教普度众生，救苦救难，对于客家人当然求之不得，因为他们的苦难比别人更多、更重。

人间佛教

宝峰寺在茶山村东北方向约三公里的梧塘村，是方圆五至十公里范围民众烧香拜佛的公共去处。考梧塘原名鱼塘，因为就在梅江边上，多低洼地，便于围塘养鱼，而客家话"鱼""梧"同音，演变为梧塘。古志书也有载：宝峰寺在大小立堡，俗名鱼塘寺。

1 | 3
2

1. 宝峰寺
2. 宝峰寺外现在还可见颇多鱼塘
3. 正座供奉着观音娘娘

注：
① 从六祖慧能之后，禅宗衍为沩仰、临济、曹洞、云门、法眼五个主要流派。临济宗在政客、官家、武士、俗人中皆甚为流行，后逐渐成为禅宗之主流。

1	2
3	5
4	

1. 这位一身农夫打扮的神仙应该为专农事保丰收的前辈

2. 寺内装饰颇简单，没有名山古刹那种堂皇，更像普通民居般亲切

3. 宝峰寺供奉有包括弥勒佛、韦陀、玉皇、十八罗汉、观音娘娘、关帝、盘古王、花公花女、伯公伯母、龙神伯公、二十四诸天、四大天王等九十多座神像

4. 宝峰寺的斋嬷叫罗红嫦，今年83岁，老人的思路颇敏捷

5. 罗红嫦在宝峰寺

宝峰寺往北约五公里，有东华山，山上又有东华寺。光绪《嘉应州志》载："东华山在大立堡介丛山之中，林壑苍翠，四面回环，顶有古刹，曰东华寺。"宝峰寺与东华寺的历史都很古老，东华寺留有开山祖师临济派[①]智真和尚的坟墓，不知始建何时，碑文写有重修于乾隆三十三年（1768），而据称东华寺还是从宝峰寺分派出去的。此外，畲江也有一古刹，名禅龙寺，据称也是宝峰寺的分支。而梅州地区最为著名的山川名刹，当为阴那山的灵光寺，该寺的开山祖师，即为唐代高僧了拳。

　　梅县寺庙众多，几乎每个乡镇都有一两个具有一定规模的寺庙。而大体上，这一带的寺庙按地区主要分三个流派：阴那派，畲江派，横江派。阴那派当然以阴那山灵光寺为祖刹；畲江派的衣钵据称如今主要是在南洋，即在清末下南洋大潮的背景之下，当地人将畲江的神像及师傅都请到南洋开山去了，如今在东南亚香火不绝；而宝峰寺、东华寺，乃属于横江派。畲江派去了南洋之后，宝峰寺一位名叫马盛开的师傅入住禅龙寺，因此如今大概畲江也属横江派了。据说宝峰寺在清末出了一位有名的主持邱远梅，外号邱书郎，马盛开就是他的徒弟。

　　邱远梅、马盛开，这听上去完全不是一个和尚的名字。或许他们都有自己的法名，但是老百姓记住的，却还是他们的俗名。或许他们从来就没有什么法名，也未必有过如受戒、剃度之类特别正式的出家仪式，正如目前宝峰寺的女主持，名为罗红嫦的，前来烧香拜佛的人都亲切地称她"红姐"。这一带的佛教，最为显著的一个特征，就是与世俗世界不分你我，乃真正意义上的"人间佛教"。宝峰寺处在民居之间，其本身的建筑，也正是客家传统民居的堂横屋，四周鸡犬之声相闻，完全不是什么清净地。当然了，"出家人"

也并未真正出家，红姐有自己的家人与亲友。东华山的住持也同样如此，他晚上住在自己的俗家，清晨赶在早课之前，开车到寺里"上班"，而他说得最多的一句话就是："和尚也要食人间烟火嘛。"在他看来，和尚是他的一个职业。

有人大概要对这种情形不以为然，甚至可能认为是对佛教的某种亵渎。您要这么说，还有一个更加令您震惊的事实：这里的和尚甚至并不吃素！由于和尚要到老百姓家里去做香花佛事，客家人热情，总要拿出他们自己认为比较好的茶饭来招待"师傅"，而荤腥自然是免不了的。为了与自己的"主顾"打成一片，"师傅"就算有心吃素，也得客随主便了。村民们把前来主持法事的人，当面尊称"师傅"，而平常则称"斋公"（男）或"斋嫲"（女），可事实上斋公斋嫲并不吃斋。

假如是在一个严肃正式的佛教圣地，这种情形当然是不入流的，就算不被严厉地批判与无情地灭绝，至少也不可能被承认为佛教。可是在这里，这种充满人间烟火味的佛教，不仅得到各寺庙的承认，也深受四围百姓的欢迎。而村民们都认为他们信的就是佛，拜的就是菩萨。存在的就是合理的，当您看到这种形式的佛教在这里如此普及，如此习以为常，也不妨放下某种成见：这，大概也算是佛教的一种流派吧！佛法既然以普度众生为目的，适应众生的需求，更加接近人间烟火，当也无大碍。正所谓大俗即大雅，真正的人间佛教，当是佛教的高境界。

当然了，这种形式的佛教在这里得以存在，受到欢迎，并且由来已久，我们相信：冥冥之中，自有佛法的本质普照着这块土地。

如果我们进一步看看佛教中国化的历史，那么对于这里的佛教形式之合理性当有更多的认同。事实上，佛教进入中土所产生的众多流派，如禅宗、净土宗、天台宗等，哪一个不是在适应现实环境的过程中放弃了许多对于佛法的成见呢？也许这里的佛教比那些正式与严肃的宗派走得更远，但本质是一样的，那就是需求二字。众生产生了对佛教的需求，那么佛教就适应这种需求，放下成见，从而在这土地上生根、普及。

茶山村这一带的客家人，生存环境十分恶劣，生老病死之人生大苦，对其而言尤苦，因而求神拜佛的愿望特别强烈。光绪《嘉应州志》载曰："郡俗信巫尚鬼，舍医即神，劝以药石伐病，则慢不之信。"客家人"葬则惑于风水"，认为祖先的坟茔之吉凶关乎后人的祸福，因此要祭祀庐墓，祈望先人的阴灵护佑后世。客家人特别敬畏大自然，任何时候都不忘敬天祭土。这一切，都与特别恶劣的生存环境有关。从这个角度来说，佛教普度众生，救苦救难，对于客家人当然求之不得，因为他们的苦难比别人更多、更重。这块土地，可说是天然地适宜于佛教的生存与普及。

然而，对于客家人来说，光前裕后的意义之重大，无论怎样估价都不过分。继承祖宗香火，繁衍后代，这种意识比别的族群强烈得多。假如这里的和尚全要受戒、剃度，真正地出家，本地将不会有人愿意去当和尚。更重要的是，斩断六根，六亲不认，不食人间烟火，这种思想压根就不能得到百姓的认同，只能使佛教远离众生。

还有，客家人重视家庭，尤其需要并特别重视劳动力。斋公斋嫲如果出家，家中活计谁来打理呢？所以，这里的"师傅"就是师傅，不必真正地出家。

乡土的神灵信仰，向来是烟火味很浓的。乡土中充满了诸多神灵，这些神灵能上天入地，能藏地隐树，几乎无所不在，在村庄或乡镇随处可以看到许多大庙小坛。这种众

殿堂右侧供奉的神像

神信仰大概从人类诞生开始便已经产生，而如今依然存在于乡土的生活中。

　　茶山村的民间信仰大致有三个体系：一是祖宗神，神位在祖屋、祠堂、坟墓，分祠祭与墓祭两种，由男性主持；二为自然神，即所谓天地神明，有天神、公王、社官、伯公等，男性、女性均有主持，自然神为大，故祠祭、墓祭时当先祭天地神明；三为佛教、仙、巫等众神，神像多设于宝峰寺等寺庙，由女性主持，男性很少参与。值得一提的是茶山村叶坑子的女人是信奉基督教的，在水车镇梅江中学旁边有一座基督堂，她们每周日前往礼拜。除这些基督徒之外，全村的女人基本上都说自己信佛。

中国名村·广东茶山村

天地神明

茶山村拜神要按神灵的地位依次进行拜祭，具体如下：先拜天神，因为天神是最大的，然后用篮子提着祭品到村口拜公王。公王庙那里除了公王外还有社官，公王神位在室内，社官神位在门口的露天处，两神相对（"一半公王一半社"），先拜公王再拜社官。敬完此两神后，便到祖宗屋——绍德堂拜祭远祖，最后回到自己祖屋拜龙神伯公。以上所有的拜神程序必须在上午完成，但并无具体的起始时间规定，在正午前完成即可。祭品一般都准备三牲果品、茶酒糕饼、香烛纸帛等，祭祀完毕后，通常除了茶酒，其余祭品皆会撤下，留给祭祀者分食。

如今祠祭、墓祭、拜公王等比较重要的仪式都已简化，村民都说如今拜神已经没有以前隆重和讲究了，除了春节和祠祭，平日家里早晚上香和供茶等形式的拜祭主要是由留在村里的老人和妇女进行。

上文讲到村民祭祀仪式的流程和内容，现就村内村外几个重要的神灵分别叙述。

天神

这是在中国农村经常遇到的比较空泛的神明概念，很难说明具体形象，但在村民的口中却会经常出现。村民在清明、除夕敬祖公的时候，都要先拜天神然后再拜祖宗，祭拜的地方大多是露天的地方，如屋门口、天井、窗户等，拈香鞠躬向天拜祭，口中念念有词，大多是"天神保佑"、"多保佑"、"发财富贵"等简单词汇。

伯公

伯公是客家人对所有土地神的特有称号，相应的还有伯母。土地神官职低微，但所谓皇天后土，土的地位仅次于天，加之客家地区山多地少，客家人对土地特别珍重，对乡土物产尤其爱惜，因此对伯公也就尊崇有加，民谚中流传有"入山先问伯公"、"伯公唔开口，老虎唔敢吃狗"、"宰猪杀羊，问过公王"等谚语。伯公在梅州四处可见，分类极多，功能也多，住屋内有镇宅土地"龙神伯公"、"灶头伯公"、"床头伯公"；在田头野外保丰收保风水的则有"田头伯公"、"水口伯公"、"路口伯公"、"桥头伯公"、"大树伯公"、"石头伯公"等，即使在祖坟旁也会专门建造一个"后土伯公"神位。对于那些辖地较广的位于水口或村口的伯公则尊称为"公王"或叫"社官老爷"。

有趣的是，伯公大多不设神像，一块木牌或者石牌，又或者一块石头和一张红纸也可以是他的神位，茶山村的众位伯公也是这样的待遇。

茶山村村民通常提到的伯公有公王、龙神伯公、灶头伯公、田头伯公、井口伯公，很多伯公神像在"破四旧"运动中被铲除，后来再恢复。村民一般在逢年过节的时候拜伯公，平日里不用拜，若是外地有亲戚过来的时候也会拜。

公王 公王是粤东一带伯公神灵中最受崇拜的，早在明清时，这一带的公王坛、庙、宫就已经十分旺盛，其崇拜和祭祀规模甚至与祖宗崇拜等同。公王坛一般设在社区的入口或水口处，信众前来则是祈求公王保护钱财，五谷丰登，六畜兴旺等。公王原型的来历传说有多种，有的是祖宗神，有的是山神、土地神等神灵的化身，也有说是德高望重的地方官宦与贤达。在各种故事传说中，尤以"三山国王"最负盛名。在客家地区，"公王"常会用当地地名，以区别于其他地方的"公王"。如梅县小桑村公王、松口镇梅溪公王（梅溪圣王，源于汉将梅鋗）、梅州泮坑公王等。每到正月的时候，还会举办盛大的"扛公王"（游神）活动。如距离茶山村不远的小桑村公王，历史悠久，"四月日子长，小桑等公王"等俗语一直流传至今，正月初二到初六即行"扛公王"游神活动。

茶山村的公王坛在村口外不远处的县道旁，是一间独立的砖瓦房，面积约八平方米。以前和道路齐平，后来随着不断修路，如今已远低于县道，于是修了一排石梯下去。坛内正中摆放一张方桌，祭拜时用来摆放贡品，桌子上方悬挂一块红布，梁上则悬挂着三个彩色灯笼，两边的略小，中间的最大。方桌后靠墙壁为神台，上有三个大香炉。大香炉前一般放有三只酒杯，两盏油灯。神台香炉后并无神像，倒是靠墙壁放置有一块方形大镜，面积约一平方米，村民说这面镜子就代表公王了。镜后墙上有用红笔写的捐助者名单，已部分污毁，不可辨认。公王坛门外还设有一神坛，坛高一米左右，上有一石刻福字香炉台。香炉台前亦有五

县道旁的公王坛庙

宝峰寺

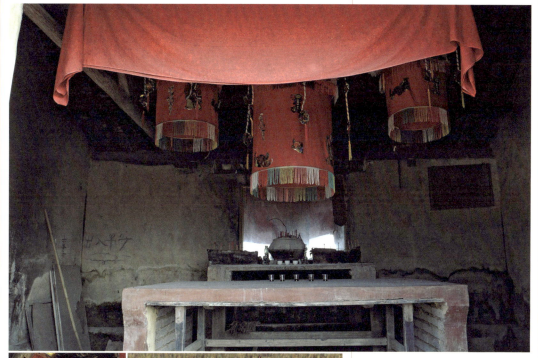

只酒杯。这个在公王坛外的神坛，就是村民供奉的社官神位。

公王坛每年有三次重要的拜祭，春农历二月为"祈福"，夏农历七月为"暖福"，冬农历十一月为"完福"，具体祭拜的时间由宝峰寺的斋嫲和东华山寺的和尚规定。茶山村没有"等公王"的习俗，因此拜祭的仪式并不多，但必须在上午上香，祭品有三牲、香烛纸帛、水果、糕饼、茶酒等，基本上全村人都会去祭拜。平时村民初一、十五也会去拜祭公王，附近的村庄如大新村、洋泥塘的村民也会前往祭拜。

龙神伯公 龙神伯公信仰在客家地区也很常见，其主要

1

2 3

1. 庙内
2. 公王坛香案上悬挂着彩灯，做工颇精细
3. 门外的神坛

茶山村

中国名村·广东茶山村

起镇宅保风水的功用，龙神伯公有两个，一是本宅龙神伯公，坛位于祖公厅祖灵神龛下方，一般设一块"本宅土地龙神位"牌，坛前有香炉；二是五方龙神伯公，安放在房屋后面化胎与排水沟隔开的护墙的中轴线,过去认为单有"本宅龙神"伯公镇宅的力量仍然不够，于是将"东西南北中"五方龙神统统请进来，外形为五块形状不一的石头。

茶山村龙神伯公安放的形制也依此，本宅龙神伯公置于房屋正堂的神龛之下，没有神像，只是贴上一块瓷片或者红纸，上书"某某神位"字样，两侧各贴一张写有吉祥字样的红纸，但各家各户写的字样并不一致。前面再摆放一只小香炉，摆放茶酒杯各三个，更多的是各五个，代表敬茶酒给"东西南北中"五方神灵。

几个楼堂的龙神伯公文字列表

堂号	文字（左到右）	祭拜时间
绍德堂	"德配地无疆""福德龙神之神位""德与土并存"	祠祭的时候祭拜
访云楼	"能旺财丁进""本堂福德龙神位""安神富贵来"	一年两三次，主要在春节和清明
畅云楼	"福与土并厚""福德龙神之神位""德配地无疆"	时间不定，除了祭祀和节庆的日子，平常有事就拜
进士第	"三星福为天""福德龙神之位""五行土是尊"	时间随意，如春节、八月半等，平常有事也拜
翼诒楼	"神安富贵来""福德龙神位""龙进财丁旺"	除了春节等传统节日，做好事（如添丁、结婚等）等重要日子也拜

灶头伯公 即灶神，村民一般都在厨房的灶头供奉。灶头伯公和家神是一起祭祀的，日期在每年农历十二月二十左右，需在下午六点前完成祭祀。以翼诒楼厨房的灶头伯公神位为例：其神位上竖贴五张红纸，正中的那张红纸印写金字"火德星君之神位"，两旁右边为竖排"运水童郎"、"有

德能司火"，左为"进柴童子"、"无私可远天"。据翼诒楼的主人介绍，过去的灶头伯公仅在厨房墙上放一片瓦和插香表示，现在则是贴红纸，再在神位前放香炉（实为一小罐）插香供奉。

田头伯公 田头伯公是农民为庆丰收祭拜的神灵，《梅县志》有记载：新谷登场后，农民先以新米煮干饭"敬天"，农历六月初六日蒸酵粄敬"田伯公"。一般在丰收后插着香烛在田头祭拜。茶山村在新中国成立前有拜，如今村民已逐渐不拜了。

井口伯公 村里的古井旁都设有神位，但如今村里已极少人拜了，神位大多已被风雨蚀刻，难以辨认，有些在"破四旧"时被凿掉了。

村民们供奉神灵的供品，虽然看起来并不丰厚，但这却是他们认为家中最好吃的东西了

茶山村

中—国—名—村·广—东—茶—山—村—

祖宗神灵

在漫长的岁月里，先祖们开基立业的故事已成为后世子孙四处颂扬的美丽传说和故事，大家也确信先祖已成为神灵信仰里面的一员，会默默地保佑子孙后代平平安安。"百善孝为先"，"慎终追远"，这些传统观念已经深入茶山人的心灵。祭祖是中国历来的传统习俗，也是延续中国传统文化的重要行为，人们通过这个仪式对先祖诉说孝敬和怀念，也希望先祖神灵给予自己家族更多保护。从茶山村绍德堂堂联即可看出这一深刻意味："绍承与万代江夏展辉煌忠孝传家思始祖，德荫富千家宏图添锦绣崇宗敬祖慰先贤。"

祭祖仪式大致分为家祭、祠祭和墓祭三种。家祭所祭祀的是"家神"，即三代以内的祖宗，在自家完成；祠祭是在本宗族的祠堂进行祖先祭祀；墓祭则是到祖宗的坟上祭祀。茶山村村民对这个仪式非常尊崇，除了各自在家祭拜外，历年都会组织到黄氏祖墓、绍德堂举行祭拜，还会派代表到梅县黄氏祖祠祭拜。需要说明的是，茶山村绍德堂祖宗神位的后面，还设有一个小间，四方神台上有木盒，

内置观音娘娘雕像，木盒上写有"慈悲渡群伦"、"清静超众圣"、"佛光普照"等字样。像前置香炉一个，酒杯三只。观音像后墙上正中则贴"观音娘娘之神位"，下为三张"福"纸，两旁左贴"南海莲花九品香"，右贴"西方绿竹千年翠"。这种在宗祠神位设观音堂的情形，较为特殊，而在茶山已经历史悠久。观音神龛在很久以前就有，因为被视为古董，2007年冬天被人偷走了，如今这个是热心村民出钱新买的。村民来绍德堂拜祭的时候，同时也拜观音。

在这里，我们主要介绍茶山村的祠祭和墓祭。

祠祭

主要为除夕的时候在绍德堂（村民称为祖宗屋）举行，村里专门设有绍德堂宗亲联谊会，最近几年的主持人是村民黄达明。平日这里摆放的物品并不多，正中靠墙置一神台，左中右各一牌位，中间牌位上竖写"黄氏始历代高曾祖考妣神位"。中间牌位前放一鼎状香炉、酒杯若干。墙上挂有四张先祖画像，从左到右分别为：峭公黄公像、上官氏夫人像、吴氏夫人像、郑氏夫人像。到了祭祖的时候，绍德堂变得非常热闹，宗亲会专门到梅县购买金猪、高灯、横额、彩旗、财宝（纸钱）、炮仗等，并从外乡请来锣鼓狮队，因为参与的人比较多，还要请菏泗镇的酒家过来做酒席，祭祀完后便招呼远方来的宗亲在绍德堂吃饭。绍德堂祠祭的流程现在已经非常简单了，保留下来的只是其中主要的程序：

第一，鸣炮三响；

第二，狮子参拜；

第三，祭礼开始，敬土地神；

宝峰寺

第四，到祖墓前请神，行三献礼；

第五，回绍德堂，请宗亲宗长讲话；

第六，鸣炮；

第七，仪式开始。

这些仪式已经相当简单，我们在江夏黄氏宗亲网上看到别地黄氏后人整理出来的黄氏宗祠祭祖仪式过程，非常完整，包括古中瘗毛血、侑食等程序都有，但如今即使在梅县黄氏祖祠的大祭也已较为简单，到了茶山村更如是。早在1982年版的《梅县志》已经说道："较大规模的联宗祭祀活动多已革除，只有在每年的春节，各家各户备三牲、香烛纸帛到祖堂祭祀祖先，礼仪亦已简化。"

传统的祭祀明确要求人们一般只有在除夕午饭过后，沐浴、穿新衣，才到宗祠拜祭祖先的。现在祠祭的时间更为宽松，有的人甚至在农历廿五过后就开始去祭祀祖先，沐浴、穿新衣的风俗也没有遵守得那么严谨了。

墓祭

茶山村重要的墓祭主要为清明祭祀一世祖云祖公、九月十五祭祀五世祖君梅公、九月十七祭祀十四世伯宁公、九月廿八祭祀七世祖东松公和十一世应试公。其中，因为云祖公和君梅公的子孙繁衍早已经超出茶山村范围，因此祭祀的时候也有许多别地的黄氏，后三者则主要是本村内的黄氏。

如今墓祭仪式和祠祭一样也变得比较简单，敲锣打鼓、烧鞭炮舞狮子、抬着丰盛的祭品步行前往墓前进行祭拜，祭拜完后便是回村举行聚餐，这些和现在各地常见拜祭的仪式差不多。

遍布山上山下的神灵

众神归位

在细述茶山众神之前，先要讲到一种茶山较为特殊的信仰，即部分茶山人信奉基督教。

基督教早在清咸丰二年 (1852) 已传来梅州，有崇真会、浸信会、长老会、安息日会、聚会处 (小群派) 和耶稣教会等宗派，新中国成立前有教堂 60 间，教徒约 1.15 万人，据 1990 年统计，有 78 间教堂，教徒约五万人。

茶山村的基督教据说为黄均选的北京夫人传入，是她在"文革"期间被遣送回茶山村居住时带来的。正因如此，教众主要集中在叶坑子资政第伯荣公这一支，即当时的第六生产队。村里的教众每周日上午会到水车镇梅江中学旁的教堂做礼拜。因为是同一信仰，有不少生活习俗与别的村民不同，如丧葬时不请和尚做法事，亦不选日子（但除礼拜天）做事情，不拜其他神灵，不参加村里传统的祭祖，因此别的村民也不去通知他们村里有关祭祖的事情。尽管

宝峰寺看起来不大，形制在建筑术语上属于悬山式二堂二横屋，不足 300 平方米，左右紧邻民宅

有许多习俗和别的村民有区别，但也有一致的事情，如婚庆时候还是要书写请帖，也讲究墓地的选址等，而且大家的感情也还融洽，不存在宗教冲突。

茶山村最普及的信仰还是佛教。但是村内没有寺庙，村民都是到附近的宝峰寺和东华寺祈福。因东华寺比较远，而且村民认为那里的神也没有宝峰寺的多，因此村民更多选择去宝峰寺。

住在寺庙里的神灵往往是公众性的，享受四方香火，乐开方便大门。茶山村的村民去宝峰寺拜祭祈福，一般说成是去拜观音娘娘，每月初九、十九、廿九都会去。可是，事实上宝峰寺不仅只有观音神像，凡是百姓心目中的神，不管说得出说不出名字的神，宝峰寺都有。而且，茶山人说到宝峰寺拜观音，其实也只是一个笼统的说法，在这里，"观音"是一切神灵的总称或代称。

进入宝峰寺，赫然可以看到两副柱联。其一，上联：恶念未除到这里何必拈香叩首；下联：善心常在入此地无妨素手躬身。其二，上联：祇园宝鹫岭峰千古梅程塔寺；下联：四大身卓立锡八方堡约骈襻。大概只有从这两副对联，才能看出这寺庙是有着久远的历史与深刻的佛理的。

宝峰寺看起来不大，形制在建筑术语上叫悬山式二堂二横屋，不足300平方米，旁边连有两座普通民宅。山门打开，简直令人震撼：满屋举目全是神位，竟然供奉有94座神像！包括有弥勒佛、韦陀、玉皇、十八罗汉、观音娘娘、关帝、盘古王、花公花婆、伯公伯母、龙神伯公、廿四诸天、四大天王等。早有许多文章介绍说广东俗尚神鬼，而粤东乡土寺庙尤为世俗化。所遇到的任何一座寺庙，都是一个众神联合国。来自不同宗教系统的各方神灵，无论是儒家、道教、佛教，或本地的神祇，都可在庙里供奉。即使是一

1
2

1.上联"恶念未除到这里何必拈香叩首"

2.下联"善心常在入此地何妨素首躬身"

殿堂正中供奉的神像

个家庭，也可设立几个甚至十几个神位，这充分体现了客家人典型的多神信仰。然而，即使已熟知这些描述，这宝峰寺众神归位的壮观场面也依然使人震惊！

宝峰寺的主持是一位斋嫲。斋嫲（也有叫斋姑、斋姐）是客家地区对蓄发尼姑特殊的叫法，她们主要供奉观音，和和尚、尼姑一样礼神敬佛。斋姑身世飘零，大多为受压迫或贫困的客家妇女，迫不得已只好去求庵堂入住，不必"受戒"和履行"出家"等严格手续。查《广州文史存稿选编》中有一篇"客家地区庵堂和斋姑"，很详细提及了这些历史："客家地区的和尚一般都居寺院，尼姑住寺院也住庵堂，唯斋姑则都住庵堂。寺与庵的分别，在建筑上来看，寺有殿，有飞檐画栋、旗杆、华表等；庵则为一般平房，但也有它的特殊风格，小筑数楹，多数在山明水秀之地，曲径通幽，一尘不染。其中供奉的神佛，寺则一般供奉释迦牟尼或者祖师，而庵堂则多数供奉南海观音。"

宝峰寺的斋嫲叫罗红嫦，今年83岁，同辈的村民都叫她"红姐"，也有叫她师傅的，而大家认为当面直呼斋嫲是不礼貌的。她小时住在梅县南口镇燕山村，家贫，与外婆相依为生，外婆去世后被人收养，曾读过小学二年级。17
岁的时候来到宝峰寺，22岁开始当家主事。她说以前寺内
所供奉的神灵比现在还要多，后来人民公社化运动把很多
神像都破除了，经过她的努力才重塑一些回去。交谈中，
她数次抱怨刚当家的时候寺里什么都没有，其他的人到寺
里住了一段就走了，只有她一直住到现在。

平日遇上有人来拜祭，她便会主持一下简单的祈福仪
式。先分一捆线香给信众，然后拉三下挂在横梁上的铜铃、
再敲打一面鼓，最后敲打一下铜锣。上香者先向正堂中央
观音娘娘上三炷香，然后逐步向其他神灵上一炷香。若是
需要唱词祈祷，她也会呢喃些简单的祝词。

茶山村村民也如其他村的村民一样，若遇上疑难困惑的
事，定会去宝峰寺或东华山寺请求神谕。其中最为特别的
是村里固定的"祈福"、"暖福"、"完福"仪式，这是广东
粤东一带常见的祈神仪式，主要是祈祷今年是本命年的人
能行好运，远离小人，也有祈祷家族所有人幸福平安的。"祈
福"在年初二三月，"暖福"在六七月。到了年底十二月，
要答谢寺里神灵一年来的保护，这叫"完福"了。这个仪
式与两寺有很多关系，都由村里"神点"（乡村里为方便联
络和组织佛事等，设有联络人、联络点和寺庙对接，茶山
村有两个神点，一个在云汉楼，一个在畅挹楼）的"仙婆"
（客家人称巫婆为仙婆，据说仙婆一般懂得主持下阴事宜、
"喊魂"等习俗，不同的仙婆具有不同的法力，如云汉楼的
仙婆据说通晓药王先生神力，有时能给村民说些药方；畅
挹楼的仙婆据说通晓花王神力，懂得打小人等），还有和寺
里斋嫲、和尚一同筹办。年初的时候，先是斋嫲或者和尚
跟仙婆们说某某日要开始祈福了，请大家做好准备，于是
仙婆回到村里告诉各家各户祈福开始了，各家交与仙婆些

钱（三元，五元不等，主要是一个心意）和告知家里祈福人的姓名，由她转告到寺里去，斋婆或和尚用红纸写下姓名，选好日子后，将红纸供奉在寺里的神台上，代信众开始祈福和暖福。在这个仪式中，家里可以派人——主要是妇女，到寺里参加，但也需要在向天的地方，如天井或门外等摆放神台和供奉三牲酒礼进行烧香祈福和暖福。

现在将2011年冬至日云汉楼的完福仪式描述如下：

上午八点，村里的妇女集中到云汉楼，部分人到楼下厨房杀鸡做饭，另一部分人则到楼上清扫卫生和摆放贡品，楼上设有两张桌子，一张桌子靠墙，上置香炉贡品等，还有一面镜子代替神像。靠栏杆处再设一张桌子，也设有香炉贡品，主要用来祭拜天神，桌子下则放一圆箕，放着装白米的红色小袋。上午八点半左右，斋嫲从寺里送表过来，这张表上面写满了年初请神的村民名字，云汉楼神点的男

1. 清早八时斋嫲从寺里送来红表
2. 黄老伯逐一将众人名字按照家谱分别抄写到浅黄色的神纸上，众人须按神纸所列掏出五元或十元集作神资
3. 表上密密麻麻地写满了参加"完神"仪式村民的名字
4. 斋嫲将从宝峰寺请来的神符分发给众信友，祈求来年会更好
5. 众人于斋嫲的带领下在神台前默祷，呢喃些感谢的话语。默祷完后，将红表连同纸钱烧化
6. 除在香案留下一些茶、酒、果品供神外，大家把鸡、鸭、鱼等贡品搬到楼下厨房做饭

中国名村·广东茶山村

主人——一位 80 岁的老伯，则开始逐个将每个名字按照家族分别抄写到浅黄色神纸上，有宝峰寺也有东华寺的。写完后，写有各家名字的需要掏五元或者十元给老伯，不在的也有人帮忙代缴，这些钱在完神仪式以后集中用来支付购买贡品的钱。老伯把钱用神纸包好，最后集中送到神台上。贡品有鸡鸭鱼水果酒茶等，置摆好后，众人就在斋嫲的带领下在神台前默祷，说些谢神的话语。默祷完后，需要将表连同纸钱一块烧掉，最后大家都会在地上的圆箕取些白米装进自带的袋子带回家，据说这样有福气。大约到十一点，所有完神仪式结束了，除留下一些茶、酒、果品之外，大家把别的贡品如鸡、鸭、鱼等搬到楼下厨房做饭。十一点半左右所有人都在云汉楼午餐。

年底腊月须"完神"，答谢寺里神灵一年来的保护。"完神"仪式在村里由上了年纪的妇女操持

中国名村·广东茶山村

THE PROJECT TO CHINESE
FOLK CULTURAL HERITAGES

SOS

黄龙出洞

蝙蝙蝠挂墙

中国民间
文化遗产
抢救工程
THE PROJECT TO CHINESE
FOLK CULTURAL HERITAGES

SOS

树林、墓穴、建筑、农田，由高而低，自上而下，因势随形地构成一个立体、生动、统一的村落环境。其景观层次丰富，内容形象具体：山林苍翠茂密，鸟语花香，古朴民居掩映于绿影婆娑之中，峡谷间溪流环绕，清澈无比，鱼虾活跃，鹅鸭嬉戏。在这样一个层次多样、物产丰饶的生态聚落中，茶山人拾柴割草，耕田渔猎，呈现出一派人地和谐的山地田园景象。茶山村传统聚落空间所营造和追求的生态文化，充分体现出客家先民重视护土保水，创建宜居聚落环境的朴素生态观念。

村落布局

　　茶山村民居主要是依山而建，屋前多有水塘，屋后为山体植被，山脉之间的盆地用于农业耕作，整个村落可谓山环水绕，一派山村田园风光。

　　这种丘陵山地有着既封闭又开放的地理区位优势，有利于其孕育和发展富有地域特色的文化内容。一方面，横亘于粤东北地区的五岭山脉，很大程度上限制了岭南居民与中原的沟通。两者之间因为天然的屏障而存在许多历史文化的隔膜。茶山村正是地处群山环抱的山区地带，形成

一个较为独立封闭的地理空间。在历史的演进过程中，村落古民居样式也因此而获得较为平稳自然的沉积，并以各种物质的和非物质的文化形式展现出来。另一方面，在下南洋的历史大背景影响下，茶山村不仅延续了客家山村诸多自然和人文传统的共性特征，而且还形成并发展了相对独特的村落面貌、民风民俗，在聚落和民居的营建过程中，积累了宝贵的文化财富。

据黄氏云祖公族谱载：大立开基祖云祖公"自西厢五马坊移居大立古方约立业，公姚合葬茶子山下枫林排外嘴，黄龙出洞形，亥山己向"。关于大立开基祖云祖公及其后裔的一些墓葬记载，反映出茶山村历代祖先尤其是开基祖墓葬选址和聚落开基选址对聚落发展的重要影响。事实上在山地环境中，客家黄氏族人的墓葬选址多与住宅相近，共同显示出村落发展的历史脉络。

1979年在台湾的茶山黄氏族人根据传至台湾的旧版黄

茶山村鸟瞰

黄龙出洞 蝙蝠挂墙

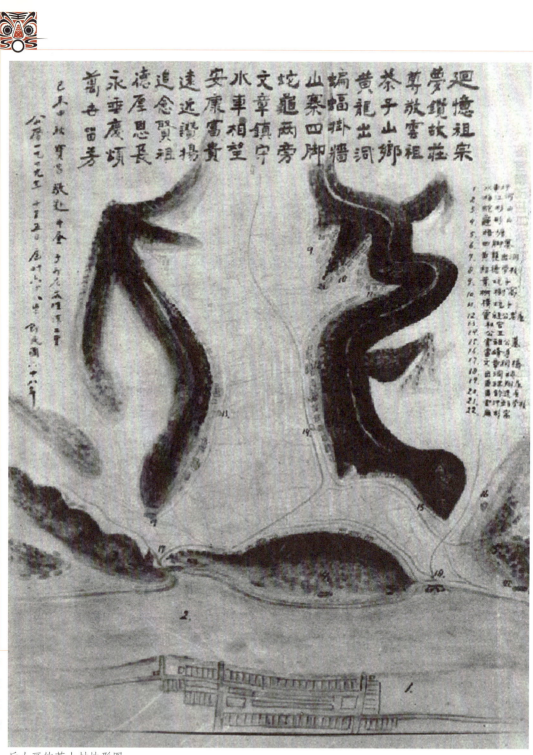

后人画的茶山村地形图

氏族谱描绘了"大立乡茶山村及近邻地形略图"。

何谓"黄龙出洞"、"蝙蝠挂墙"、"蛇龟两旁"呢？这需要深入探讨茶山村聚落空间的形成、演变过程。

择居选址

茶山村所处山地丘陵地带，生态环境要素和平原地区相比更为多样，因此人们在择居选址、生产生活的过程中，需要面对的各种地理因素、气候条件更为复杂。村内早期建筑在山麓下呈点状分布，经数百年繁衍生息，村落规模开始扩大，逐步形成因势随形、绵延起伏的带状分布格局，山村形态特征显著，主干道路顺延山势峡谷，呈西北往东南走向。

纵观山谷下这条狭长的民居聚落，在不同的海拔高度上错落参差，分布着树木植被、农田水利、民居建筑等诸多村落景观要素，具体来看：

高海拔 如前所述，历史上茶山村周遭各山体曾遍布参天大树，客家人多将这些山地树林称为"风水林"。可惜树木一度遭人为砍伐，古树所剩无几。如今多为补种的小树。

中高海拔 祖先墓穴选址一般高于居住空间，位于屋后山体的中高海拔高度。

中低海拔 围屋建筑紧依山麓而建，其选址多遵循中国古代的风水理论，重视建筑方位及山水形势，以避山洪、寒潮等自然灾害，屋前则多设水塘和水井。这一由民居建筑所形成的生活空间，居于整个村落立体空间环境的中等海拔高度，上可直达山林，下可顾及田野，因此生活空间与生产活动及其管理能够充分照应，相得益彰。

低海拔 山下的峡谷平川面积有限，村民加以充分利用，

黄龙出洞 蝙蝠挂墙

精细耕植各类农作物。

树林、墓穴、建筑、农田，由高而低，自上而下，因势随形地构成一个立体、生动、统一的村落环境。其景观层次丰富，内容形象具体：山林苍翠茂密，鸟语花香，古朴民居掩映于绿影婆娑之中，峡谷间溪流环绕，清澈无比，鱼虾活跃，鹅鸭嬉戏。在这样一个层次多样、物产丰饶的生态聚落中，茶山人拾柴割草，耕田渔猎，呈现一派人地和谐的山地田园景象。茶山村传统聚落空间所营造和追求的生态文化充分体现出客家先民重视护土保水，创建宜居聚落环境的朴素的自然生态观念。

客家人在具体营建民居建筑的时候，一般前设水塘，后植树林，谓之以具有神秘色彩的"风水林"（封围树）和"风水塘"，事实上二者对于围屋建筑的更为重要的意义在于创造一个生态宜居的外部环境。风水林可以护土保水，防止水土流失和山体滑坡；屋前的池塘可以洗衣、养鱼，提供消防用水等，而且雨水、生活用水均排入池塘中，池塘可以将之净化，起着改善小生态环境的重要作用。

人文意象

"大立乡茶山村及近邻地形略图"提及茶山村及其附近共计 22 处重要的地名、建筑、墓穴等，描述了茶山村村落格局的主要特征及人文意象。

"黄龙出洞" 在一些传统风水堪舆的案例中，屡有"黄龙出洞"的选址记载：如"出洞黄龙隐真形，左随右从龙虎全"；"巨龙下山之字走，尽落江河起龙楼"等描述。"龙"形象的出现并被推崇到最高地位，这是中原传统龙图腾意识的传承反映。

1
2

1. 绿意盎然的村落景观
2. 老井与民居——总是乡村永恒的搭配

黄龙出洞 蝙蝠挂墙

中—国—名—村·广—东—茶—山—村—

茶—山—村

茶山的清晨

黄龙出洞　蝙蝠挂墙　114

1/2   1~2.充满田园生活气息的村落景观

茶山村所流传的"黄龙出洞"是对茶山村（大小立堡）开基祖黄氏云祖公墓穴所在地的描述，其选址讲究山形水势的"来龙去脉"，定于古代大立山脉"黄龙山"之首（位于现在水车镇北面约 1.5 公里处的梧塘村大新蛇山上），坐西北向东南，四面丘陵环绕相护，东南面远眺九龙嶂（海拔 1013 米），二者遥相呼应。山下有小溪，东面约 500 米有梅江，村中小溪从墓地前徐徐淌过。传说这一位置的妙处不仅在于其来龙生动有力，还因山脚北侧有一洞穴：黄龙山口有个不足 50 公分长，10 公分高的方形口，山间流淌而来的溪水隐匿一段之后，由此钻出，汇入水车河段，此方形口被命名为"黄龙出洞口"。当地人认为此处为风水宝地，遂将黄氏云祖公、妣葬于洞口上。

茶山村人如此重视祖先墓穴的选址，实际上体现了客家先民朴素的自然观和生命观，其中寄寓着对祖先的怀念尊崇和对未来生活的美好期许：期待已故祖先的妥善安葬，能够孕育新的开始，庇佑家族繁荣，生生不息。

"蝙蝠挂壁（墙）""蝙蝠挂壁（墙）"是描述黄氏绍德堂所处的山形地貌。黄龙山山势起伏，最高一段以其形态被喻为"蝙蝠挂壁（墙）"，天空为"壁"，成大背景。《黄氏云祖公族谱》中对此段地形，借以"风水先生"之口，描述为"……蝙蝠挂壁山的正穴，门口有葫芦塘，穴位直对地段是小溪腰带水，四脚蛇形腹间像明鼓，正好似仙人带鼓，此处落基，根基万年……"而且，因为"黄氏祖屋背山形是蝙蝠挂壁，蝙蝠夜间活动，夜晚动工最好"。甚至于传说绍德堂宽大屋顶和低矮的前后檐，形成光线较暗的空间，也"是专为蝙蝠的生活习性而设计的"。还有人形容绍德堂建筑的歇山屋顶亦似蝙蝠形，与后面山体起伏相吻合。绍德堂作为黄氏先祖在茶山村立基的见证，是茶山古村黄

氏宗族的精神图腾和宗族标志，其选址的重要性不言而喻，因此流传于民间的传说典故，赋予自然环境丰富的文化联想，寄予了子孙多福，家族兴旺发达的美好愿望

"蛇龟两旁" 在绍德堂的对面有"四脚寨"山形与之呼应，喻之四脚蛇；而与黄龙山、四脚寨形成围合之势的，还有左右比邻的龟形山、蛇形山。"蛇"形象的比附与崇拜，反映出古时闽粤一带蛇崇拜的意识；龟形山阻于两山之间，可以防止财富外流。取意龟蛇，还与远古黄氏的图腾崇拜相吻合（《中国客家建筑文化》一书在"仿生象物的营造意匠"一节中言及"龟崇拜"，曾分述如下：1.龟长寿，有很强的生命力……；2.龟形象征着天地宇宙，从而有趋吉避凶、保佑平安的作用……龟的背呈圆形隆起，象征天，腹甲呈"亚"字形，象征地，而龟头与男性生殖器相似，象征人，龟就成为天地人合一的神圣的宇宙模型，这是龟崇拜最核心的内涵；3.上古轩辕黄帝族以龟为图腾，影响深远……）。从村落景观的形成来看，这两座山体绵延起伏，顾盼有情，与主要的民居建筑构成对应关系，形成了良好的视觉景观。

从"大立乡茶山村及近邻地形略图"以及《黄氏云祖公族谱》中对茶山村选址及茶山村山形水势的相关描述来看，

黄龙出洞 蝙蝠挂墙

茶山村民至今仍然引以为自豪的村落环境，是客家人长期以来在山区复杂的地理条件下生存所进行的优化选择。这种环境选择在古代以风水堪舆的形式表现出来，今天看来，其文化本质实乃通过赋予聚落及建筑自然象征意义，实现环境心理学的具体运用。诚如《易·系辞下》所言："古者包牺氏之王天下也，仰则观象于天，俯则观法于地，观鸟兽之文。与地之宜。近取诸身，远取诸物。于是始作八卦，以通神明之德。以类万物之情。"客家古代先民，正是以象征比附的营造意匠，营造出自然生态与人文生态和谐共生的生活空间，实现了天人合一的环境理想。

时空演变

茶山村中现存三十多座历史建筑，各具特色，异彩纷呈。从其时空演变的历史来看，呈现出自然有序的文化脉络，反映出较为清晰的客家乡村的社会秩序。

目前村内除几处书屋和一座碉楼破损较为严重以外，传统民居建筑基本保存完整。其中绍德堂为明代始建，距今近五百年；创毅公祠距今约三百多年历史；莘辉楼、伯荣楼始建时间距今约二百五十年，畅云楼、德崇楼、司马第、培元楼、承庆楼五座建筑约二百年历史，其他传统民居多为清晚期、民国时期建造，有百年左右的历史。

从家族谱系及建屋的对应情况来看，现存民居建筑以清中晚期，第十四世以后修建的为多。各房支人口、修建房屋数量不等，自十三世奕盛、奕凤开始房支分化的脉络已较为清晰明显，大约自十四世开始形成茶山村几个独立性较强的主要房支。从目前村内现存民居建筑来看，主要保留了几大支系：自十一世应试、应兴开始，形成两支系。

应试一支较为庞大，主要有十三世奕盛（族谱记载奕盛公有五子三十孙八十五曾孙）传伯宁（能）、伯荣两房，十三世奕凤传伯振一房。这几大房支营建了村中的主要建筑。

茶山村建筑空间分布主要表现为以下三个特点。

其一，靠山近水向阳。在靠山的前提下，村民会尽量选择南向、近水的位置为建屋的理想选址。如绍德堂及较早修建的创毅公祠、伯荣楼均有较好的朝向，利于形成冬暖夏凉的小气候。后因村中建屋逐渐增多，土地面积有限，地形限制较多，故而建屋朝向的选择已多有妥协和变通，但靠山近水的原则会加以坚持。

其二，血缘关系组织空间秩序。村中民居建筑主要由十三世奕盛二子伯荣、伯宁（能）两大房支形成组团，建筑分布大致体现血缘的亲疏关系。

伯荣支系的伯荣楼、资政第、稻香楼等为一组团，处于山坳"叶坑子"一带。伯宁（能）支系则主要沿着"黄龙山"山脉成一带状分布，建筑数量多。较早期的萼辉楼、同德楼、

茶山村总平面图，引自《梅县水车镇茶山村保护规划》

黄龙出洞 蝙蝠挂墙

茶山村主要民居建筑营建谱系表

"绍德堂"黄氏子孙遍及海内外，本部分关于营建谱系问题的研究，仅限于茶山村范围内现存的主要传统民居建筑，不涉及外乡营建活动。本谱系所列人物只限于茶山村主要建筑的营造者。

01. 绍德堂（观达公初建绍德堂下侧观达楼，东松公营建完成绍德堂主体）
02. 创毅公祠
03. 定海公祠
04. 伯荣楼（天卷楼）
05. 萼辉楼
06. 培元楼、先锋村树德堂
07. 德崇楼、鸣凤书屋
08. 承庆楼约1820建
09. 畅云楼
10. 云汉女子学校
11. 资政第
12. 稻香楼
13. 翼治楼：杏麟、国麟合建
14. 访云楼：康华、纫华合建
15. 大夫第：超华、新华合建
16. 儒林第：菊华、彬华、绮华合建
17. 司马第
18. 振华楼
*七子为兴（幼亡）立超华、菊华为半嗣

世代	人物
一世	云祖
二世	隆元
三世	大林
四世	观达（01）
五世	君梅
六世	杞
七世	东松（01）
八世	耀宇
九世	复真
十世	士美（02）
十一世	应试 / 应兴
十二世	定海（03） / 定文

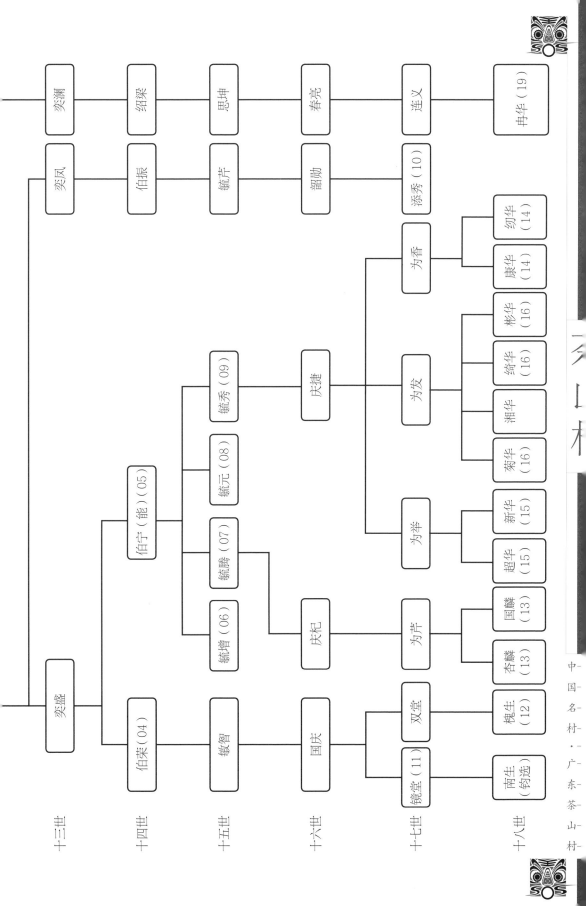

十三世　　　　十四世　　　　十五世　　　　十六世　　　　十七世　　　　十八世

奕澜 — 绍梁 — 思坤 — 春莞 — 连义 — 冉华（19）

奕凤 — 伯振 — 毓芹 — 韶勋 — 添秀（10）

奕盛

伯柔（04）— 敏智 — 国庆

毓秀（09）— 庆捷

毓元（08）

毓腾（07）

伯宁（罷）（05）

毓增（06）— 庆杞

为香 — 幼华（14）／康华（14）

为发 — 彬华（16）／绮华（16）／湘华（16）／菊华（16）

为举 — 新华（15）／超华（15）

为芹 — 国麟（13）／杏麟（13）

双堂 — 槐生（12）

镜堂（11）— 南生（钧选）

德崇楼仍有组团比邻的意向，位于"荷树窝"一带。此后修建的各栋建筑或许因为修建时间较为集中、密集，土地资源已十分有限，建屋选址已多有参差，但大体仍然维系了带状分布的格局。此外，庆余楼较为独立，选址于绍德堂斜对面的山脚；畅云楼、进士第等则在同一山脉脚下形成另一小型组团。十三世奕凤之子伯振支系后人所建云汉楼，位于"伯宁（能）"带状组团之列，大夫第和儒林第之间。

奕盛、奕凤均出自十一世应试一支，十一世应兴传至十三世奕澜建有司马第，十八世冉华建有振华楼，与伯荣支系几栋建筑临近，分布于"叶坑子"一带。

其三，居住建筑与教育建筑相比邻。村中现仍存有鸣凤书屋、抟云书屋、云汉女子学校、绍德学校等教育类建筑，为村中有识之士先后筹资兴建，其选址多与倡建者的住房相临近。

鸣凤书屋毗邻德崇楼、与同德楼遥相呼应；抟云书屋毗邻进士第、畅云楼；云汉女子学校位于云汉楼对面。绍德学校所处位置视野较为开阔，该校成立之初发动了村中各房支族人参与，因此其建校伊始即体现出公共性的一面，选址方便于全村甚至邻村的子女就读，由此带动了茶山村一带的新学教育。

由此不难看出，茶山村从开基建村，历经数个世纪的经营建设，逐渐形成了析居而聚、聚族而居的空间形态。

客家村落的开基祖屋一般会保留后代中的一至两房在围内居住繁衍，其他房支后人则另辟宅基，在祖屋附近新建大屋。具有宗族意义的是，客家围屋为祠宅合一形式，新的围屋必然设置该房支的支祠。因而，在围屋组团式布局的客家聚居村落内，一座围屋往往就代表着一个房支体系，各座围屋所代表的房支渊源关系是非常明确的。沿着

这样一个线索，聚落空间发展扩张的脉络清晰可循。当然，各房支的经济力量，人口规模互有差异，所形成的围屋规模亦大小有别。所以从整个宗族聚落的角度来看，各围屋大小规模不等，反映出各房支在析居之后发展境况的差异。

古村落除了保留有精美的古建筑，还存储着许多人文意象，如这种在许多人心目中磨灭不去的画面：炊烟升起、夕阳满山

茶山村祖屋"绍德堂"作为一个宗族、一个聚落起源的标志，成为宗族的核心建筑和崇拜对象，虽然现在已无人居住，但仍然享有后世子孙的祭祀，并在经济上接受来自茶山村黄姓宗族内各房支的集资修缮，统领起一个以血缘关系为主线的宗族网络。在子孙繁衍，析居而聚的过程中，若干新老围屋形成聚落组团，同时形成的还有一套典型的按辈分逐级向上拜祭的客家祭祖模式。

黄龙出洞 蝙蝠挂墙

中国名村·广东茶山村

建筑形制

传统客家民居主要分布于江西、福建、广东等省，其主要形式一般分为院落式和楼寨式两大类。广东梅州客家民居的基本类型主要有堂横屋、杠屋、圆楼、方楼等几种。

茶山村以传统客家民居建筑为主，主要有堂横屋和杠屋形制。近现代出现了形制演变的趋势，近二十年村中陆续有一些新建民居，但是古村落建筑风貌仍得以基本完整地保留下来。

堂横屋 作为粤东客家地区最为常见的民居建筑类型，堂横屋具有较为规范成熟的形制特征。

堂横屋由居中的纵列厅堂和两侧的横屋组成。通过中轴对称式布局的组织，在中轴线上纵向设置若干厅堂，据其数量即俗称为双堂、三堂，甚或五堂等，而堂屋两侧的横屋多对称设置，由此便形成多堂多横的平面格局。堂屋和横屋的数量从纵横两个空间方向的维度直接决定了建筑整体的规模。值得一提的是，梅州客家传统民居的一种典型形态——围龙屋在茶山村并未有建。所谓围龙屋，即在堂横屋后部加一圈围龙而成，其显著特征为堂横屋后部的化胎和半圆弧形围龙（屋）。之所以在茶山村未建有围龙屋当与其地形有关，围龙屋通常靠山而建，但其屋后山坡相对较缓，而茶山村屋后靠山一般均较为陡峭，不宜兴建围龙。尽管茶山围屋的围龙部分未建，但仍然在屋后设置有化胎的形式。

茶山村内的堂横屋一般建于山麓脚下，前低后高，前有禾坪、水塘，后设半圆形化胎，后山遍植树木，谓之"风水林"（封围树），这些要素共同组合形成完整意义的建筑形象。村中的堂横屋多筑有围墙，围于禾坪外围，围墙设斗门。茶山村的民居，其开门朝向多有讲究，个别庭院如儒林第开设于院墙正面，其余多设置于围墙斜侧面。这些

大门作为进入院落的首要门户，具有引导视线的重要作用，其朝向定位变化微妙，以趋吉避凶为原则。事实上其转斗门的方向选择主要是宅居主人对外部山体、道路、河流、风向以及建筑等景观要素所进行的审美选择。

茶山村现存的堂横屋多为上下两堂形制，且多为两层，另有绍德堂一列一堂屋，畅云楼为一列三堂屋。

一堂屋，顾名思义，即仅有一堂，也称单堂屋。以堂为中心，两侧是房。因排成一字形，又称"一字屋"（引自：胡希张.客家风华.广州：广东人民出版社，1997年.第590页），与北方所谓的"一明两暗"相似。中间的厅堂开敞，两侧房间门与厅堂同向。"这是客家民居最简易、最普遍的形式。这种屋式源于中原而遍布全国汉族的聚居地，虽未具客家民居的特色，却是建造各种客家传统民居的细胞"（引自：吴庆洲.中国客家建筑文化.武汉：湖北教育出版社，2008年.第184页）。

茶山村的立基祖所创绍德堂即为单堂屋形制。属于书塾性质的抟云书屋和近代新学的云汉女子学校，也是在单堂屋形制的基础上形成的建筑。

双堂屋，由中间天井相隔上、下两座敞堂，正堂两侧加建横屋。紧邻正堂两侧的房间称为"正堂间"，正堂间的

一堂式，引自：胡希张.客家风华.广州：广东人民出版社，1997年.第590页

茶山村

中国名村·广东茶山村

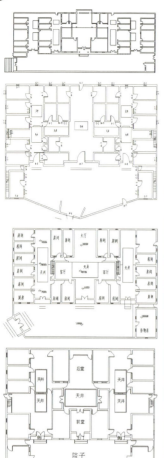

门窗向廊开启，形成上、下两堂正堂间的门窗相对。横屋的门窗向主屋开启。茶山村多见此类型，伯荣楼、司马第、进士第、振华楼、大夫第、翼诒楼、儒林第、访云楼、颐春楼等楼均为双堂屋形式。

三堂屋，在双堂屋的基础上，增设一堂，即在中轴线上形成下、中、上三堂串联的纵深空间，由外而内，前低后高。正门进入第一进为下堂，第二进为中堂，第三进为上堂，又称祖堂。三堂之间以天井相分隔联系。祖堂在整个礼制空间序列中地位等级最高。厅堂两侧同样建有横屋。三堂两横屋在客家地区较为普遍和常见，以畅云楼最为典型。

根据入口立面的形制特征来看，双堂屋、三堂屋大致有

两种形式：第一种形式，正中下厅部分屋面横向设置，突出中轴线堂屋空间的重要性。此类型在茶山村较多。第二种形式，正中下厅部分的横向屋面造型被纵向屋面和及山墙造型打断，整体形态外观类似于杠屋。由于纵向屋面的延伸，入口正立面的山墙面的形象更为凸显。此类型在茶山村较少，以云汉楼、畅云楼为典型。

　　茶山村保留了自明代以来各时期修建的堂横屋，大都形制完整，是客家传统民居的典型代表，同时作为梅县客家迁徙史、华侨史的历史见证，具有重要的研究意义。

　　杠屋 杠屋是客家民居中形制构成较为简单的一种类型，房屋纵向排列，山墙面朝向建筑正面，俗称杠屋系因

1	2	5	7
3	4	6	8

1. 大夫第平面图
2. 翼诒楼平面图
3. 振华楼平面图
4. 儒林第平面图
5. 大夫第鸟瞰
6. 翼诒楼鸟瞰
7. 振华楼鸟瞰
8. 儒林第鸟瞰

黄龙出洞 蝙蝠挂墙

<table>
<tr><td>1</td><td>3</td></tr>
<tr><td>2</td><td>4</td></tr>
</table>

1. 云汉楼外景
2. 畅云楼外景
3. 稻香楼外景
4. 同德楼外景

其纵列式横屋如同轿子两侧之杠杆。根据房屋的纵列数量，有二杠屋、三杠屋，乃至八杠屋等规模不等的形态。

在梅县经济条件较好的地区，杠屋多为两层。也有人称之为杠楼。在两层的杠屋中，因"杠"对纵向空间的强调，堂屋被夹于两杠之间，又由于二层空间联通，形成走马廊，厅堂仅为一层，所以"堂"的空间尺度被缩小很多，如稻香楼、同德楼等。

与杠屋相比较，堂横屋由纵列堂屋形成的礼制性空间较为突出，因而当地有人将之称为殿堂式，并认为此种形制更加正统或级别更高。事实上，像修建七杠屋这样规模的建筑，并不是因为财力原因无法修建堂横屋，而是因为杠屋具有自身的空间优势：堂屋空间压缩后，土地被有效利用以获得更多的居住空间。在茶山村中，出现了像云汉楼、

同德楼内部

黄龙出洞 蝙蝠挂墙

黄龙出洞 蝙蝠挂墙

1 | 3
2

1. 伯荣楼外景
2. 德崇楼外景
3. 义顺庐外景

畅云楼这样将堂横屋和杠屋形制融合的倾向，也是对山地空间资源日趋紧张条件下所作出的客观回应。这种现象在梅县的一些村落亦有呈现（详见肖旻，林垚广. 桥溪——华南乡土建筑研究报告. 南京：南京大学出版社.2011年. 第81页）。

以伯荣楼、德崇楼等为代表的较早期建筑，其形制、构造、装饰较为简朴，屋顶及山墙部分为悬山形制。直到晚清、民国时期修建的堂横屋如云汉楼、儒林第等，开始成为硬山形制，建筑用材及营建工艺更为考究，装饰内容丰富了许多。

其他形制 近代以来，茶山村的个别建筑在传统形制的基础上发生局部演变。如资政第、绍德学校以外廊式结构形成了突出的建筑形象；再如修于民国初期的义顺庐，由黄康华所建，赠予黄义华使用，为单堂屋与杠屋的组合形式，在突出主要厅堂的同时，形成小巧精致的院落，布局形式自由，简单朴素。

茶山村内各主要民居建筑的修建年代、修建者、形制特征等信息详见下表。

茶山村内各主要民居建筑信息表

类型		房屋名称	时间（多为估计年代）	建屋者
堂横屋	单堂屋	绍德堂	建于明嘉靖十五年（1536），清代、中华民国重修。	黄东松
	初为二堂二横，后扩建为二堂四横	伯荣楼	始建于清乾隆二十五年（1760），清光绪二十六年（1900）扩建	黄伯荣
	三堂四横	畅云楼	建于清嘉庆十年（1805）	黄毓秀
	单堂屋	抟云书屋	建于清嘉庆十年（1805）	黄毓秀
	双堂两横	进士第	建于清代	黄庆捷
	双堂两横	振华楼	建于清光绪十五年（1889）	黄冉华
	双堂四横	大夫第	建于清光绪二十六年（1900年）	黄超华、黄新华、黄国华
	双堂两横	翼诒楼	建于清光绪二十六年（1900）	黄杏麟、黄国麟
	双堂两横	儒林第	建于清宣统一年（1909）年	黄菊华、黄绮华、黄彬华
	二堂二横	云汉楼	建于清宣统二年（1910）	黄云辉
	双堂三横	访云楼	竣工时间为1920年	黄康华
杠屋	二层四杠屋	萼辉楼	建于清乾隆二十三年（1758）	黄伯宁
	二层三杠屋	德崇楼	初建成于清乾隆五十五年（1790）	黄毓腾（君甫）
	二层三杠屋	培元楼	约建于清乾隆六十年（1795）	黄毓增
	二层三杠屋	承庆楼	约建于1820年	黄毓源（元）
	二层七杠屋	同德楼	建于1920年	黄荣发、黄玉庭
	二层四杠屋	稻香楼	建于中华民国初期	黄怀生（植庭）
其他	外廊式＋杠屋＋堂屋	资政第	建于清光绪三十年（1904）	黄镜堂及其子所建
	单堂屋＋杠屋	义顺庐	建于中华民国初期	黄康华所建赠予黄义华使用

黄龙出洞　蝙蝠挂墙

中 — 国 — 名 — 村 · 广 — 东 — 茶 — 山 — 村 —

装饰语义

茶山村现存民居建筑白墙灰瓦的整体形象，素朴淡雅，与自然环境融为一体，而在一些建筑的局部，特别是在一些重点部位如建筑入口、建筑门窗、梁架等部位，则施以木雕、彩绘等技法，塑造了细致精美的装饰形象，尤以19世纪中期以来修建的民居表现最为突出。这些各种材质的构件或陈设，如门窗、隔断、屏风、挂落、家具等，它们兼具实用与艺术价值，通过艺术化的形式语言，将建筑造型进一步深化，加强其艺术表现力，同时对建筑本身及其构建又起着切实的保护作用。茶山村的建筑巧妙地将装饰与装修结合使用，使得建筑空间语言大为丰富，空间形象更为饱满美观。

纵观茶山村传统民居建筑装饰的特点，主要表现为：实用与艺术的统一，多样技法的结合，丰富的题材与内涵等几个方面。

第一，实用与艺术的统一。中国传统建筑装饰装修的精

妙之处主要在于其功能、构造、材料与艺术的完美协调统一。从茶山村的民居对建筑材料的使用来看：砖、石材料用于外部或易于受潮的部位，木、灰、泥等材料用于檐下或室内，避免日晒雨淋，各构件及其装饰因此而具有较好的耐久性。

　　石材质地坚硬，适合于做受力构件。茶山所处的地区，历来并不出产石材，但在村中仍可见使用福建或广东五华出产的麻石制作柱础、台阶、窗，甚至柱身。大尺度石材如石柱的使用，多为清晚期之后的事情，这一方面是茶山村经济实力增长的表现，另一方面也说明该地区交通状况改善，对外交流日趋频繁。此外，在村中民居的外立面墙身，普遍使用条石制作门框、窗框；甚至直接镶嵌由整块石头塑造成的透空石窗、洞口，或圆形、或方形、或葫芦型、或文字型，坚固耐用，防火防盗，且具有形式美的装饰性。今天我们观察这些经过雕琢刻画的石材构件，其造型刚中带柔，历经风雨沧桑而不朽，传递着历史的悠长古韵。

　　木材性温，刻画造型柔美，令人有亲近之感。梁架、门窗、隔断则多用木材，加以雕饰之后，实用而美观。而在木构表面施以彩绘，不仅是出于美观的考虑，色彩涂料还具有防虫、防腐、防潮的保护功效。

	3	4
1		
2		

1. 岳英楼瓜形石柱础
2. 稻香楼石框铁棂窗
3. 云汉女子学校石花窗
4. 资政第石花窗

茶山村

中国名村·广东·茶山村

135　黄龙出洞 蝙蝠挂墙

第二，多样技法的结合（部分参考：陆元鼎，杨谷生.中国民居建筑.广州：华南理工大学出版社.2003年.第162~168页）。

木雕主要用于建筑梁架构件装饰和室内装修。木雕有线雕、浮雕、通雕、混雕等多种。线雕最为简单，是一种线描凹刻形式的处理技法，雕刻层次浅，立体感弱。浮雕也称浅浮雕、突雕，是较为普遍的一种做法。雕刻层次明显，工艺易于掌握，一般多用于屏风隔断、家具构件。通雕也称透雕，深浮雕，形象立体，虚实结合，层次突出，工艺要求高。混雕、嵌雕等手法雕刻工艺更为复杂，构件形象更为艺术化。

石雕多在建筑石材构件上进行雕刻，其种类有线刻、隐刻、浮雕、圆雕、通雕等。与木雕类似，线刻、隐刻较为简单；浮雕走向立体化，富有表现力；圆雕也称混雕，在明代称"全角雕"；通雕即透雕，相比于浮雕层次更为繁复，细腻。

灰塑在南方地区民居中较为常见，包括画和批两类。画即彩描，在墙上绘制壁画。批，是以贝灰或白灰为原料，塑造凹凸立体形象，并加以色彩描绘的装饰形象。有圆雕式灰批和浮雕式灰批两种。

茶山村民居建筑中木雕和石雕多以浮雕、通雕形式出现，受潮汕装饰工艺的影响，其技法趋于精细化，一些金漆木雕的通雕工艺，更显当年宅第祠堂的雍容富贵（图4-4）。茶山村民居建筑中灰塑运用也较为常见。往往在建筑入口部位，梁架木雕，墙壁灰塑，石质雕刻，多种工艺融于一体，蔚为美观。

第三，丰富的题材与内涵。各种不同的装饰工艺，塑造

1		
2	3	4
	5 6	7

1~4. 精美的木雕屏门 （阳琰、黄智源 摄）

5~7. 畅云楼内金漆木雕涤环板

1 | 2
　 | 3
　 | 4

1. 云汉楼入口门肚彩绘
2. 稻香楼山墙博风灰塑
3. 儒林第墙楣和入口墀头彩绘
4. 畅云楼入口梁架彩绘

了形式多样，富有想象意味的装饰形象。这些形象以象征手法，表达吉祥美好的寓意，主要有以下几种类型。

瑞兽、动物类是常用于装饰的图形，最常见的有龙凤、麒麟、鹿、仙鹤、蝙蝠、孔雀、蝴蝶、鱼、象等。茶山村的民居建筑为我们刻画了大量生动传神而寓意吉祥的瑞兽及动物形象。如梁架上的龙凤图，隔扇门上的夔龙纹、草龙纹；隔扇门上的蝙蝠含石榴，以及仙鹤、喜鹊形象等。

以植物造型来寓意美好的愿望也是在茶山建筑中经常用到的。如梅、兰、竹、菊、石榴、牡丹、百合、芙蓉、水仙、松竹等造型比比皆是。牡丹为有着"国色天香"美誉的"百花之王"，雍容华贵，是富贵的象征。瓶装牡丹，取"瓶"

中国名村·广东茶山村

139　黄龙出洞　蝙蝠挂墙

茶
山
村

儒林第梁架龙凤呈祥图案

141　黄龙出洞　蝙蝠挂墙

1. 上金漆是保护木雕的重要工序，过一段时间还会重新刷上，
但随着居住的人越来越少，上漆也就会可有可无了（黄智源 摄）

2. 植物题材木雕

3. 隔扇门上之喜上眉梢木雕

4. 隔扇门上之鹿与鹊木雕，寓意"爵禄封侯"

5. 瓶装牡丹壁画

与"平"谐音，寓意平安富贵之意；而凤和牡丹组成凤戏牡丹图，更显得气质高雅，华丽富贵。梅、兰、竹、菊这"花中四君子"的搭配，占尽春夏秋冬四时之美。中国文人以花比德：梅，高洁傲岸；兰，幽雅空灵；竹，虚心有节；菊，冷艳清贞。使花草树木具有了深刻的人生意味，而成为人格胸襟的象征表达。此外，出淤泥而不染的荷花，多子多福的"榴开百子"，福寿吉祥的的"松鹤延年"等，不一而足。

而如意、古钱币、花瓶、乐器等器物造型，或以传说中的仙人或名人为原型，如八仙、寿星、天官、关帝，以及桃园三结义、文王访贤、三顾茅庐、郭子仪拜寿、二十四孝等传说典故塑造的人物形象，则寄托了人们对幸福生活的向往。在广东民居中，暗八仙、宝瓶、丹炉等常用的器物题材装饰在茶山村民居中均有体现。还有一些教育子孙

黄龙出洞 蝙蝠挂墙

后代的故事也成为吉祥图案，比如教育子孙要孝敬父母、尊敬长辈的二十四孝图也是灰塑（彩绘）、木雕中常用的吉祥图案。多户人家的大门入口处描绘了生动的山村生活景象，如渔樵耕读，一派田园景象。

　　图案和文字装饰在民居装饰中运用最广，图案装饰纹样经过传统文化的不断积累和传承，形式多样，内涵丰富，可谓"图必有意，意必吉祥"。常见如佛家"八宝"之一的盘长，深远绵长的回纹形式，流动连续、委婉多姿的缠枝纹，均取意永恒，成为福寿吉祥、永续绵延的象征。再如寓意"优胜"、"同心"的方胜图案，取材于天上白云的祥云图案，以及龟背纹、钱币纹等吉祥图案等。除图案纹

```
        4
 1    5   6
2  3     7
```

1. 二十四孝彩绘图
2~3. 器物题材木雕
4. 窗花保留了茶山村的痕迹
（黄智源　摄）
5. 生活景象图
6. 文字装饰
7. 几何图形地砖

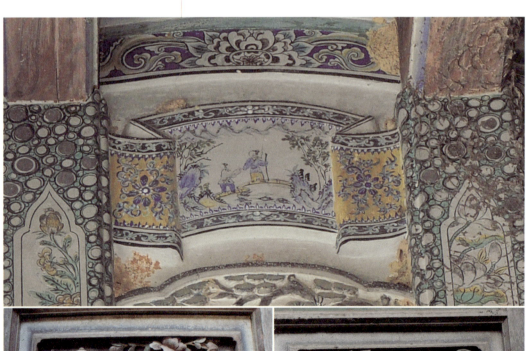

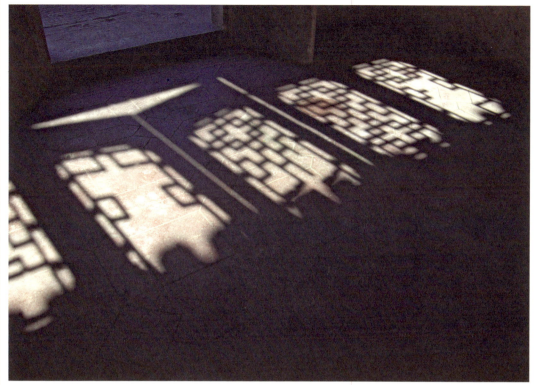

样外，中国文字以丰富多样的艺术形象，直接用于装饰图案中。常见如福、寿、卍等文字符号，直接表达了美好的生活愿望。在茶山村中，图文类装饰题材的运用十分广泛。多座民居内部厅堂地面经过硬化，面层处理为暗红色，且塑有各式几何图形。

精神空间

曾子有云："慎终追远，民德归源矣"，其意为慎终于后人，追远于先祖，即应该绵延祖先宗脉，不忘祖训，谨记祖德。

客家民系的民居建筑祠宅合一，"客家聚居建筑内存在两套性质完全不同的系列空间：以祠堂为主体的，具有礼制建筑特征的序列空间；以住屋为主体的，具有居住建筑特征的序列空间"（引自:吴庆洲.中国客家建筑文化.武汉：湖北教育出版社，2008年.第27页）。客家人代代传承的"慎终追远"之思，即物化于这一套以公共性礼制空间为主导的空间系统之中。

从建筑内部空间的组织来看，客家聚居建筑放弃了汉民族传统的合院式住宅形制，打破了每个家庭独立的生活起居方式，不仅最大程度加强了家庭之间的联系沟通，而且突出了礼制性空间的重要地位。以茶山村现存的众多堂横屋为例，堂屋作为礼制性空间，为整个家族共有，其位置居于中轴线的核心地位，空间开敞高大，最后一进供奉神主牌的上堂最为恢宏；而四周的生活性空间——横屋，则为各小家庭私有，形式简朴，均等划分，面向祖堂方向开设门窗。从访问调研的情况来看，村中各围屋内通廊式的住屋，在各代子孙的分家析产过程中，每个小家庭的房产并非比邻集中分配，而是分散于横屋的不同位置，私密性弱而公共性强。围屋建筑在凸显祖先、长辈地位的同时，弱化各个晚辈家庭的差异，以均等的空间面积，开放共享庭院天井的生活模式，弱化了围屋内部个体家庭的界定，强化了整体宗族的概念。

再从礼仪空间序列的构建来看，客家围屋的堂屋，提供了祭祖、拜神、宗族议事、红白喜事等活动的场所，成为一组神圣的"仪式"性空间。堂横屋的空间序列中，屋前的风水塘、天神，堂屋内的祖龛、福德土地神，屋后的五

行石、化胎等一系列的崇拜对象的塑造与各时祭祀活动相
关联，表达对天、地、人、神等自然或意象概念的崇敬拜服，
体现出客家人长久以来形成的朴素生命观和自然观。

　　祖宗崇拜始终是围屋中最根本的礼制性表现。在建筑的
入口、厅堂等礼制空间序列的重点部位，多悬挂匾额、楹联，
其内容多为宗亲意识和道德伦理的宣扬，时刻教育后人谨

1
2

1. 绍德堂祖龛
2. 五行石

黄龙出洞 蝙蝠挂墙

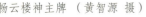
畅云楼神主牌（黄智源 摄）

记祖先所倡导的价值追求和道德理想。如绍德堂斗门对联"颍川世德，江夏家声"表明先祖的中原发源地；振华楼是"振好祖堂，华厦增彩"；萼辉楼是"萼耀先祖，辉出官人"；儒林第是"继志述事，善积余庆"；承庆楼是"承先启后，庆云景星"等。祖先牌位设于院落最后的上堂，置于神案之上，上述列位祖先的名讳、生卒时间、荣誉等。祖先牌位多以开基祖或屋主人为首，根据辈分组织排列历代祖先分列左右。其排列顺序形成一个严整的家族谱系。茶山村绍德堂、畅云楼等处所列祖先牌位为带底座的长方形木牌，黑底金字，庄重典雅。

在茶山村的各项祭祖活动中，以在祠堂祭祀祖先的仪式最为重要和隆重。其祭祀所选时间，与该地区的农业生态息息相关的时令节气相对应，在祭祀过程中，祭祖同时与祭天地相结合，表达对先民在艰苦环境中拓荒垦殖、创建家业等历史功绩的纪念，祈祝风调雨顺、农业丰收和家族兴旺。

此外，在强烈宗亲观念的熏陶下，茶山村的客家人无论何时何地都保持着浓重的慎终追远、重本溯源的宗亲意识。历史上走出茶山村的黄姓族人，无论是为官经商，还是远赴南洋，他们始终心系故乡，以最直接的经济投入，支持故乡的建设。如儒林第、资政第、大夫第、访云楼、云汉楼、振华楼等近代修建的建筑就多为海外谋生的家人致富后，投资兴建而成。无论是从海外汇款，抑或在家乡操持，建屋大事乃举全家兄弟之力兴建而成。今天我们仍然可见儒林第祖堂之上，所奉三位先人（兄弟）的画像（或照片），三人着装迥异，一为清朝官服，一为乡绅打扮，一为西式洋装，意味深长地反映出清末以来各种文化在此地碰撞、交融、演变，而村落文化始终维系不变的主线是客家人慎

黄龙出洞 蝙蝠挂墙

终追远、家族团结的精神。

如果说慎终追远寄托了尚古颂祖之思，那么崇文重教的文化氛围则承载着未来的希望。客家先民定居山区，资源有限，因而考取功名或外出从事工商业成为其繁衍发展的现实途径。茶山村所在的古代嘉应州，被称为"文化之乡"，历来文化风物一流，人文教育兴盛。茶山村对教育的重视，首先表现在私塾、学校等教育建筑的兴建，建有多所私塾、新式学校。此外，居住建筑亦营造了具有教化功能的空间氛围，将客家人崇文重教的观念贯彻于日常生活之中。围屋厅堂中内容丰富的装饰装修、语义深刻的牌匾楹联，传

畅云楼诏谷堂

递着丰富的家族教化信息。如"贡元"、"进士"等功名牌匾，不仅表明赫赫家声，更激励后人学而优则仕。再如畅云楼诏谷堂对联"巩室于斯义种与耕勤俭诒谋居室本，富家大吉兰芬菊茂诗书属望克家贤"，进士第敦彝堂"静以修身俭以养德，入则敦行出则友贤"等，俱是崇文重教、耕读传家的思想表达。

　　茶山村慎终追远的颂祖之思，崇文重教的文化氛围，不仅以各种建筑语言的形式呈现出来，还沉淀于族谱族规、家教内容以及民俗民风之中，共同形成了客家山村所独有的神圣的文化空间。

黄龙出洞 蝙蝠挂墙

筑室美轮

美于

奂斯

中国民间
文化遗产
抢救工程
THE PROJECT TO CHINESE
FOLK CULTURAL HERITAGES
SOS

茶山村祖屋"绍德堂"作为村落起源的标志，成为宗族的核心建筑和崇拜对象，虽然现在已无人居住，但仍然享有后世子孙的祭祀，并在经济上接受来自茶山村黄姓各房支的集资修缮，统领起一个以血缘关系为经纬的宗族网络。在子孙繁衍，析居而聚的过程中，若干新老围屋形成聚落组团，同时形成的还有一套典型的按辈分逐级向上拜祭的客家祭祖模式。

绍德堂

绍德堂从四世观达公在堂下侧营建观达楼开始，至七世东松公完成（族谱载曰："东松公生明嘉靖十四年，八十九寿"。"公性淳朴，持己端方，治家勤俭，建祖屋，立蒸尝，和睦乡里，处世公平，以德获福，夫妇兼臻耄耋期，是世所罕有也，为茶子山下立基祖"。"公建祖屋，为茶子山下立基祖"），该堂始建于明嘉靖年间，距今约五百年历史，清代、民国期间屡有修缮，部分保留并呈现出明代建筑简约大气的性格特征，为梅州地区所少见，是研究明代客家传统民居的珍贵实例。绍德堂前有形似八卦的多边形禾坪，庭院一侧设院门，禾坪一侧残存楣杆夹，台阶平缓、宽敞，门前水塘联体为葫芦形，寓意内装宝物。现存主体建筑为一堂式形制，面阔近 25 米，进深近 13 米，中部为敞厅，供有牌位，后部设有隔间，当地俗称"龙神背"，设有后门出入。厅堂两侧各并置三列房间，因进深尺寸较大，故这些房间内部设有隔断划分空间，分别在建筑前后设门进入。

绍德堂屋顶为歇山顶，坡面和缓宽大，今天看来，这一屋顶传递出丰富的历史信息：其一，据族谱记载绍德堂背依"蝙蝠挂壁"山，当地人认为这一"特殊"形制的屋顶，亦形似蝙蝠，谐音取意，由此寄托了美好的幸福愿望；其二，屋顶形制在中国古代传统建筑体系中具有较为严格的等级划分，歇山顶多为官式建筑所用，其规格等级较高，民居建筑多受限制而禁止使用，绍德堂能够采用歇山屋顶，并长期妥善保存，推测其原因可能在于"绍德堂"

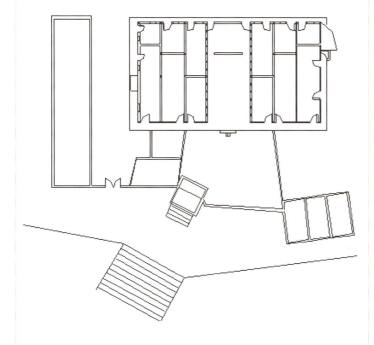

家族兴旺，势力强盛，有足够的身份地位与之匹配；其三，高等级屋顶形制的使用，如非始建，而是后世修缮所为，则至少说明了茶山村开基、立基祖先在后世子孙心目中的崇高地位。

绍德堂内有碑文记载曰："祠屋丑山兼艮，辛丑辛未分金，坐丑斗宿十五度四，门楼辛兼戌三分……"将屋宇尺寸一一记载，便于后世遵照记载进行修缮。绍德堂夯筑而成，堂屋内柱梁饰单斗拱，其正堂采用穿斗式梁架结构，两列木柱密集排列，等距分布，柱间距约0.95米。厅堂内设子孙梁、风水梁。正厅墙壁构造较为特别，采用竹片编网为龙骨，两面抹灰而成，经数百年而不腐、不倒，令人称道，当地人俗称"孔子壁"。考究起来，"孔子壁"这一儒雅之名本有历史典故：传说孔子九代孙鲋为避秦火而将《书》、《礼》、《论语》、《孝经》等藏入墙壁，西汉景帝时被发现；另一传说所谓孔子壁中书者，乃鲁恭王坏孔子屋而得《礼

绍德堂左侧

记》、《尚书》、《春秋》、《论语》、《孝经》。"孔子壁"成为了儒家典故中的象征性名词，绍德堂之隔墙借用此名，其中当无孔子著作，但此称谓与客家人尊崇儒家，崇文重教之传统不无关系。

绍德堂金字堂牌，由著名书法家黄苗子亲书。历史上原有堂牌和正厅上方悬挂的"明经进士"、"五老齐名"、"承宣辅治"、"派绍颍川"、"孔子壁成均额俊"、"其颐贞瑞"、"民琴佐助"、"天储协运"、"克敦三物"、"贡元"等十块烫金匾额以及堂联、檐联等，惜已尽毁，仅留挂匾铁钩仍悬在正厅上方桁条中。

自云祖公于大立乡开基以来，历经数代人筚路蓝缕，开枝散叶，至七世东松公，绍德堂成为茶子山下黄姓立基的见证。无论是建筑本体所体现的历史价值，还是文化层面所折射出的象征意义，均使得绍德堂在茶山村具有独一无二的重要地位。

绍德堂内

伯荣楼、萼辉楼、德崇楼、培元楼、畅云楼

距今两三百年间的清朝中期，茶山村兴建民居以伯荣楼、萼辉楼、德崇楼、培元楼、畅云楼等较为典型。

伯荣楼 伯荣楼目前已无楼名堂号可循，族谱记载伯荣公曾建"天卷楼"，因此推测为同一建筑。伯荣楼大约建于清乾隆二十五年（1760），初为二堂二横，清光绪二十六年（1900）扩建为二堂四横的走马楼，后来屡次修葺，占地面积近1500平方米。这幢楼依山而建，坐东南向西北，前设长方形禾坪，筑有纵向墙垣隔断，坪外设有半月形池塘，总体布局仍基本保存完整，建筑整体形式简洁、朴素。楼内大门一侧的墙身，内嵌两块黑色石碑，上有碑记，为黄钧选手记，其内容主要是在描述当时该栋屋宇的风水状况，以及通过改建方式改善其风水格局现状的各种措施。现屋前尚存的一些墙垣遗址，其尺寸、位置与碑记所载内容相对应。著名雕塑家黄心维即在此楼出生。

萼辉楼 萼辉楼约建于清乾隆二十三年（1758），为黄

伯荣楼入口

伯宁（能）所建。坐东向西，两层四杠屋。依山就势，占地面积约1000平方米。中轴线上设厅堂，楼梯间。外设围墙连接附属建筑。莘辉楼的形制体现了梅县地区清中期客家杠屋的特点。

1 | 2
3

1~2.伯荣楼风水碑记
3.伯荣楼外景

中国名村·广东茶山村

萼辉楼外景

楼主黄伯能，开始形成茶山村黄氏较大规模的一房支。族谱记载曰"公富有巨万，勤俭居身，中年后往返大江南北，坐贾行商，无不如意，家资弥丰。"黄伯能回乡后购置良田数百亩，横贯乡间数十里，并修建了萼辉楼，他的六个儿子也由此发达兴旺。村中还流传其神奇的故事：说他一日耕种时，在地里发现了五罐金银，从此以后弃耕从商，成为巨富。且不论这意外之财的真假，正如同伯荣公所建伯荣楼，伯能公所建的萼辉楼，于茶山村的意义在于一个宗族意义上房支体系的形成，而建屋大事，在古代的客家山

村绝非一朝一夕之功，也非一己之力可以实现，它是需要足够的财富支持，众人合力来完成的。

德崇楼 德崇楼竣工时间约为清乾隆、嘉庆年间（1790~1800），创建人黄毓腾，别号君甫，生于乾隆三十五年，终道光四年。该建筑占地面积约 2100 余平方米。德崇楼雄浑高大，前有开阔的禾坪，墙身平直高耸。

建楼者黄毓腾是清朝嘉庆年间布政司经厅，其地位可谓显赫至极，内部堂屋装饰精致华丽，熠熠生辉，流传至今的堂镜、堂牌仍可一窥当年宅邸的富贵尊荣。黄毓腾还曾

于同一时期，兴建了鸣凤书室。

　　培元楼　培元楼约建于清乾隆六十年（1795），为黄毓增所建。该楼形制为三杠屋，坐东南向西北，轴线上设厅堂，天井，楼梯间，抬梁式结构。斗门署"培元楼"三字，对联"培创始宇，元堂安康"点明楼名来历。内部现在还存有黑色镶金木雕屏风，典雅庄重，寓意吉祥。

　　这幢楼是黄琪翔祖居。黄琪翔作为中国抗日名将、爱国将领，曾担任中国远征军副司令长官，是中国农工民主党创党人之一，新中国成立后，他还先后担任全国政协常委、国防委员会副主任。

1	3	
	4	7
2	5	
	6	8

1. 德崇楼外景　（叶繁荣　摄）
2. 培元楼外景
3. 培元楼斗门
4~8. 培元楼内金漆木雕隔扇

畅云楼 畅云楼约建于清嘉庆十年（1805），为清朝守御官黄毓秀所建。与整体朴素的伯荣楼相比，当年作为"守御府"的畅云楼，体现出主人雄厚的经济实力和社会地位。畅云楼坐西北向东南，为悬山式三堂屋，总面阔约44米，进深约55米，占地面积近1800平方米。为村中占地最广的一座民居建筑，俗称有"十厅九井"。堂屋左侧设外大门，门楼前檐廊采用四架梁卷棚顶，门额署"畅云楼"。门联曰"畅怀适意，云淡风轻"，点明"畅云"来历。堂屋立面设正大门，门额署"守御府"。设上、中、下三堂，上堂屏风署"诒穀堂"。令人惋惜的是，原有的"贡元"、"康乐和亲"、"名山辅佐"、

中国名村·广东茶山村

1
2 3

1. 畅云楼全景
2. 畅云楼平面图
3. 畅云楼门楼

"诒穀堂"等金字牌匾已毁。

畅云楼中堂前檐轩廊采用四架梁卷棚顶。抬梁式与穿斗式梁架相结合,其间饰以金漆木雕,斗拱、瓜柱精雕细琢,富丽堂皇。畅云楼内装饰工艺精美,彩绘内容丰富,如厅堂装饰中描绘了"暗八仙"形象,即八仙所持的物件:葫芦、扇子、玉板、荷花、宝剑、箫管、花篮、渔鼓,也称为"八宝",以此代表八仙,祝颂长寿。

楼内上堂悬挂对联:"溯廿一垂谟椒愈瓜绵奕世宜儁祖训,承伯九遗绪经畚艺囿万年永保孙谋";中堂悬挂对联:"巩室于斯义种与耕勤俭诒谋居室本,富家大吉兰芬菊茂诗书属望克家贤"。

黄毓秀长子黄庆捷,建有进士第,双堂两横形制,与畅云楼毗邻。

1 | 3
2

1. 岁月在畅云楼里留下的痕迹（黄智源　摄）
2. 畅云楼中堂前檐轩廊梁架
3. 进士第前景

大夫第、翼诒楼、资政第、儒林第、云汉楼、访云楼、同德楼

近代以来，茶山村内修建围屋蔚然成风。这一时期，建筑风格吸收了新式思想理念，建筑特色更为突出。

大夫第 大夫第建于清光绪二十六年（1900），由黄超华、黄新华兄弟兴建。黄新华早年追随孙中山革命，第一次北伐时任梅军参谋长，后任南非洲各埠筹备员，孙中山亲笔委任状尚存。建筑坐东南向西北，为二堂四横屋。大夫第占地面积近1400平方米。建筑由外大门、门坪、隔墙、堂屋、横屋、天井等组成，后有二层护坡和封围树。大门门额署"大夫第"。门前横向长方形禾坪，两端设对称八角形门洞隔墙。横屋右侧设外大门。

大夫第内装饰颇为考究，装饰题材内容多样，寓意丰富。如在大门入口处所绘的耄耋图，描绘了盛开的花丛，蹲坐于寿石之上的猫、飞舞的蝴蝶，猫与蝴蝶顾盼有情，栩栩如生。《礼记》有曰："七十曰耄，八十曰耋"，耄耋一词常

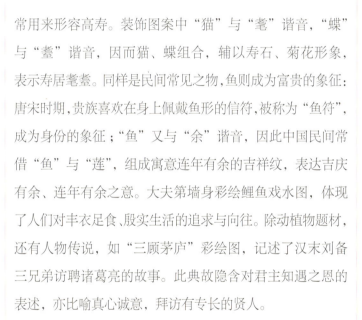

常用来形容高寿。装饰图案中"猫"与"耄"谐音，"蝶"与"耋"谐音，因而猫、蝶组合，辅以寿石、菊花形象，表示寿居耄耋。同样是民间常见之物,鱼则成为富贵的象征:唐宋时期,贵族喜欢在身上佩戴鱼形的信符,被称为"鱼符",成为身份的象征;"鱼"又与"余"谐音,因此中国民间常借"鱼"与"莲",组成寓意连年有余的吉祥纹,表达吉庆有余、连年有余之意。大夫第墙身彩绘鲤鱼戏水图,体现了人们对丰衣足食、殷实生活的追求与向往。除动植物题材,还有人物传说,如"三顾茅庐"彩绘图,记述了汉末刘备三兄弟访聘诸葛亮的故事。此典故隐含对君主知遇之恩的表述,亦比喻真心诚意,拜访有专长的贤人。

翼诒楼　翼诒楼为黄杏麟、黄国麟兄弟所建、约建成于清光绪二十六年（1900）。黄杏麟、黄国麟兄弟共六人,黄杏麟经商于湖北,中年后殷富,黄国麟则在十余岁时候赴新加坡跟随族兄黄云辉经商,致富后返乡务农。建筑坐东北向西南,双堂二横式,占地面积约1335平方米。建筑由堂屋、横屋、露台、禾坪、天井、门楼等组成,屋后有护坡和风围树。左右厢房外置对称露台,形制与儒林第相似。

	5		
1	4	6	
2		7	
3			

1.大夫第入口门额
2.大夫第八角形门洞
3.大夫第前景
4.大夫第耄耋图彩绘
5.大夫第鲤鱼戏水图
6.大夫第三顾茅庐彩绘
7.大夫第门隔扇平安宝贵图案

中国名村·广东茶山村

翼怡楼 （阳琰 摄）

卷棚式门楼，门额署"翼诒楼"。堂屋右侧设外大门，坐东向西，设步级台阶。正堂堂前檐廊有木轩棚，彩塑、两端金饰木雕斗拱、雀替。堂屋为金字梁架，悬挂堂额"敦义堂"。

资政第 资政第建于清光绪三十年（1904），由黄南生（钧选）的父亲黄镜堂始建，关于黄镜堂，族谱中有记载："光绪三十年十一月十三日筑资政第屋，甫兴工而十二月即寿终。"黄镜堂于80岁高龄受封资政大夫，在荣膺这一人生荣耀之际，兴建资政第，可见建屋于客家人之重要性。但房屋兴建伊始镜堂公即寿终离世，因此，该屋在后续的营造中，镜堂后人对房屋的营造起到主导作用。而该屋异于传统民居形态，出现种种变化，当是钧选等人走南闯北，眼界大开之后的创新之举（族谱记载：镜堂公长子南生"廿九岁赴日本，卅一岁由日本赴美……卅五岁调秘鲁……"，五子鸿生"自十余岁二兄宦游异国，父亲即以家事督责，卅二岁承父兄命筑资政第屋……"），主要表现有，入口出现外廊式形制；建筑融杠屋与堂横屋形制于一体，保留了杠屋并列的建筑形态，但其入口并未如传统杠屋设置于山墙面，而是与横向屋面平行设置，并以此为起点，形成三进式院落组合的纵向序列空间，营造出类似于堂横屋中轴线的厅堂院落；引入瓷瓶栏杆、金属栏杆、水泥等"先进"建筑材料供建筑装饰之用。

资政第大门门额署"资政第"三字，有对联"堂基从昔焕，麟凤应时生"。资政第先后经历了几代人从黄镜堂到黄南生（钧选）、黄甘英等黄氏后裔的兴建、修缮，培育了众多黄氏后裔，其百年历史，见证了清朝、民国、新中国不同历史时期的变革与演进。

儒林第 儒林第建成于清宣统元年（1909），由黄菊华、黄绮华、黄彬华创建。儒林第为硬山式二堂二横屋，坐西向东，占地面积约1070平方米，后有双层护坡和风围树，堂屋左侧正立面设外大门，坐西向东，花瓣形外门坪，七字形步级台阶，台阶栏杆线条曲线流畅，别具一格。堂屋

翼诒楼后堂

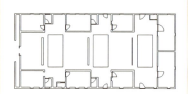

前禾坪两侧对称设置一层厢房，楼梯可达平屋顶，兼做露台，有瓶状陶瓷栏杆，此厢房形制在村内多处建筑均有体现。上堂内正脊下有横梁板梁，有龙凤装饰图案，形制独特。

儒林第斗门上书"进士"，左右各有一联"继志述事"和"善积庆余"，正门署"儒林第"，有对联"继承先志，善与人同"。对联首字组合为"继善"，点明继善堂这一堂号的来历。

1	4
2	3	5

1. 资政第外廊式入口
2. 资政第平面图
3. 资政第瓷瓶栏杆
4. 资政第的瓦面除了防水性能好外，还做工精细
5. 儒林第俯瞰

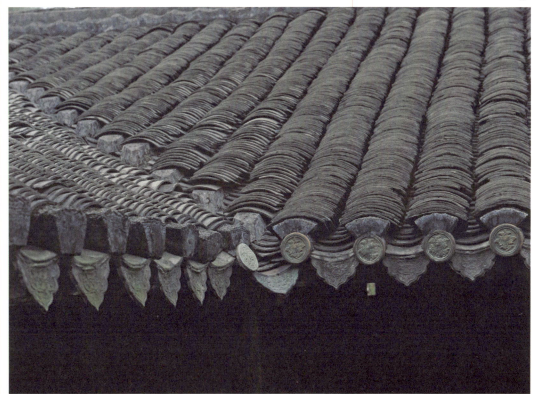

1. 儒林第入口台阶
2. 儒林第斗门
3. 继善堂牌匾
4. 儒林第的彩描耄耋图（取其谐音，以猫和蝴蝶指代"耄耋"，有祝福长寿之意）

　　儒林第装饰装修较为精美，木雕、彩绘精致细腻。"贡元"、"继善堂"的金字牌匾至今传递着当年的功名家风。有趣的是，与大夫第类似，在儒林第同样发现耄耋图的装饰彩绘，当然，猫、蝶形象各有不同，但其寓意主旨是一致的。

　　云汉楼　云汉楼约建于清宣统二年（1910），由黄添秀（号澐辉）创建。云汉楼坐东南向西北，双堂二横屋。占地面积约660平方米。大门门额署"云汉楼"，正门对联"云

1　2

　3

　4

1. 云汉楼外景
2. 访云楼外景
3. 炽昌堂堂匾
4. 访云楼鲵鱼戏水图

霞灿烂，汉族光明"点明楼名来历。横向长方形禾坪。屋后有二层护坡和风围树，横屋设花墙隔断。上堂挂"炽昌堂"金字木匾。

黄澐辉号称嘉应州首富，致富后他不忘故土，除建筑云汉楼外，还兴建云汉女子学校，并为绍德学校兴建出资。

访云楼 访云楼1920年由旅居印度尼西亚富商黄康华兴建。访云楼坐东北向西南。为硬山式二堂三横屋，其中右侧二横屋，左侧一横屋。建筑由池塘、门坪、堂屋、横屋、天井组成。占地面积约1780平方米。屋后有护坡和封围树。堂屋为九檩架式梁架。正门对联"访卢积德，云阁生辉"点明楼名来历。

对于访云楼，茶山村中还有一个有趣的典故：传说访云楼建楼主人黄康华出生时暴雨如注，婴儿生下时人头鲵身，接生婆惊骇万分，即用木盆覆盖，即刻转变人身。黄

康华孩童时全身鳞斑隐约可见，村人称为"鲩精"，言其宜居水茂之地，后来黄康华经商于岛国印度尼西亚果然发迹，除在村中兴建"访云楼"外，还在水车、畲江、梅城、汕头等城镇广置店铺。据说，主人在访云楼上堂所绘的鲩鱼戏水图，正是为了突现自己与鲩鱼的不解之缘。

同德楼 同德楼为黄荣发、黄玉庭所建，约建成于1920年。七杠屋的规模在梅州地区属于大型杠屋。建筑坐东南向西北，高台基，平面呈矩形，总面阔达60多米，进深20多米，占地面积超过1200平方米。后有二层护坡和

SOS

同德楼外景

同德楼入口

封围树，楼前有禾坪。正立面为硬山顶，凹式门楼，门额署"同德楼"，其正门对联"同居盛世，德履仁门"点明了楼名来历。二层敞廊围栏为瓶状木条通栏，全楼畅通。隔扇门窗木雕装饰简洁、大方。同德楼规模庞大，其形制体现了近代时期客家杠屋的特点。

同德楼外封闭，内开敞。对外防御严密，墙体厚实，外立面设石窗，木板大门包裹金属，以防火烧。建筑左侧设置炮楼，与杠屋部分连通，加强了建筑整体的防御功能。建筑内部空间则较为疏朗开敞，通风采光良好。各杠之间连通，二层敞厅、敞廊可以畅行无阻。

同德楼建筑规模宏大，用材考究，其外封闭、内开敞的特征一方面印证了屋主当年的雄厚财力，另一方面也体现出当时社会动荡的现实局面。

古民居内外

筑室于斯 美轮美奂

中国名村·广东茶山村

同德楼内二层内景

图说：茶山村的书塾与新学教育

　　清《嘉应州志》说："士喜读书，多舌耕，虽困穷至老不肯辍业。近年应童子试至万有余人。前制府请改设州治，疏称文风极盛，盖其验也。"时广东督学吴鸿称"嘉应之为州也，人文为岭南冠"。著名诗人冼玉清曾盛赞客家人办学风气："学舍最多文教盛，满城儿女挟书囊。"当地民谣谚语中有不少是劝学的，如梅县童谣曰："唔读书，　老婆……唔读书，大番薯"；又谚曰："子弟不读书，好比没眼珠"，"不识字，一条猪"，等等。"学而优则仕"在客家人中更有市场，这种意识，除了孕育出大批从文、从教的杰出人物之外，也带动了从政、从军、从工等社会风气。光宗耀祖、衣锦还乡成为很多客家人追求的目标，读书求学是客家人走出贫困的重要出路。

　　如果说梅州"人文为岭南冠"，茶山算是这冠上的一颗明珠。学风鼎盛，英才辈出，从文、从政、从军、从商、从工，行行显赫。究其根源，即当为梅县文化之乡的历史底蕴，以及客家人光宗耀祖、衣锦还乡的自我鞭策与自我激励意识。

　　茶山黄氏繁衍至清中期十三、十四世的时候，人口、财势发展达到第一个高潮，并有族人连续获得监生之类的功名。这时族人开始有意识地加大教育投入，办起了一所又一所私塾书屋，并因此奠定了延续几百年的崇文重教传统。到了清末民初，受惠于崇文重教传统的黄氏宗族之综合实力发展到一个新的高峰，出现了一批杰出的族人，全力推动茶山村的教育事业，并与时俱进，开眼看世界，创造性地办起了乡村新学与女子教育。

　　从开村至今，茶山村曾先后兴建了鸣凤书室（已毁）、抟云书屋、焕郎书屋（已毁）三间书塾专事家族教育，并有云汉女子学校、绍德学校，提供乡村新学教育。

茶山村私塾、学校信息表

私塾、学校名称	创建时间	创建人
鸣凤书室	1790 年	黄毓腾
抟云书屋	1805 年	黄毓秀
焕郎书屋	1885 年	黄焕郎
云汉女子学校	1910 年	黄云辉
绍德学校	1911 年	黄钧选、黄云辉、黄康华、黄杏麟

拎云书屋

茶山村早期兴建的书塾，具有一定的庭园建筑风格，布局合理，且有厨房卫生间等，为典型的家族私塾学校。

云汉女子学校

客家劳动力男女分工相当明确，壮劳力主耕种、营造、交易、商议、留根传代；女主家务、生子哺育、敬祖拜神……当男人移居远方，妇女需要支撑整个家庭，"插莳收割，皆妇功"。对于缺乏文化知识的劳动妇女，男人远方鸿雁传书，所邮寄钱银如何使用，购买土地修建家宅的官府文书如何誊正，一时难以应付。乡贤黄云辉知道了这个情况后，决心帮助村里解决难题，他出资在自家云汉楼对面盖了五六间书房，又平整了一个院子，命名为"云汉女子学院"。

村中的小媳妇来读书，不收学费。于是，每年都有三五十个小媳妇在云汉女子学校受到教育。

绍德学校

晚清，清政府废科举兴新学，潮流之下，茶山村也发生了变化，外交家、归乡贤达黄钧选审时度势，倡建了这座绍德学校，得到族中黄云辉、黄康华、黄杏麟等人的积极响应和鼎力资助，于1911年建成。学校占地二千余平方米，设施完备，可容纳三百学子，以实用知识为教堂纲领、品学兼优为教育目标，质量殊优，人才辈出，引来周围村庄子弟争相就读，成为一时佳话。

但因年久，围墙坍塌，校舍残破。1985年旅印度尼西亚宗亲黄凤宜捐资人民币23000多元进行维修。

不久，随着政府的重视和拨款，村里又在旧绍德学校侧建造了新校舍，教学条件也大为改善。但随着2000年以后各地乡镇小学大合并风潮，茶山村学校生源减少，学校已停办，唯留下这座早已空空无人的校舍。

进入21世纪，大中城市正快步走上现代经济建设的道路，茶山村大部分青壮年家长常年在外工作，劳动收入大有提高，生活稳定，甚至部分人已经积累颇丰，经济状况好转使他们完全有能力支付子女的教育投资，于是携家迁往城市。

图说：茶山村的书塾与新学教育

中国名村·广东茶山村

1	2	3
4	5	6
7	8	

1.抟云书屋（左）与畅云楼相挨

2.云汉女子学校主体建筑坐西南向东北，夯筑而成，土木石结构，占地面积200多平方米

3.这座学校规模不大，但精巧适宜，空间组织有度，时至今日，仍令人体味到当初清新典雅的修学氛围

4.绍德学校大门处由美术家黄心维题写"绍德学校"四个大字，以及"丙寅年修复"等字样

5.绍德学校作为近代新学兴起的见证，其形式既采用了中国传统建筑的坡面屋顶，又使用了近代流行的外廊式结构，两相结合，可谓巧妙

6.绍德学校建筑规模数倍于以往的书塾学校，注重内部空间尺度及划分，考虑到了采光的重要性，基本符合近代新学教育建筑的功能要求

7.图左的现代建筑是封存的新绍德学校

8.骑车的小学生从绍德学校门前经过，现在茶山村只有一位小女孩在水车镇读初中，其他同龄孩子全部跟随父母转往大中城市念书，茶山村教育进入空心化阶段

中国名村·广东茶山村

187　图说：茶山村的书塾与新学教育

群英谱

中国民间
文化遗产
抢救工程
THE PROJECT TO CHINESE
FOLK CULTURAL HERITAGES
SOS

说到梅州的近现代名人，文有黄遵宪，武有叶剑英，这一文一武，珠联璧合，是整个梅州的骄傲。而在茶山村，同样有这么一对珠联璧合的文武双英，文有黄均选，武有黄琪翔。而且有趣的是，黄均选与黄遵宪，黄琪翔与叶剑英，还双双一起共过事呢。茶山村是一个如此小之又小的村庄，却诞生了两位堪与整个梅州最杰出的人物相比拟的英才，怎不令人惊叹！

世系渊源

茶山村地形犹如黄龙出洞，脚按龟蛇，与水车依水而望。正如郭璞《风水篇》所云："木华于春，粟芽于室，气行于地中。其行也，因地之势。其聚也，因势之止。古人聚之使不散，行之使有止，故谓之风水。"这是一块难得的风水宝地。有人说，茶山村黄氏之所以枝繁叶茂，关键即因其开基祖云祖公的祖坟"黄龙出洞形"与其五世祖君梅公的祖祠绍德堂的"蝙蝠挂壁形"风水之佳胜。不管是因为风水还是因为本村本族历来崇文重教的传统，总之，说茶山村人杰地灵，英才辈出，大概是不会有人反对的。

说到梅州的近现代名人，文有黄遵宪，武有叶剑英，这一文一武，珠联璧合，是整个梅州的骄傲。而在茶山村，同样有这么一对珠联璧合的文武双英，文有黄均选，武有黄琪翔。而且有趣的是，黄均选与黄遵宪，黄琪翔与叶剑英，还双双一起共过事呢。

英雄且问出处。让我们上溯几百年，看一看茶山群英的世系渊源吧。

云祖公黄扬，字仕翼，号永兴，于公元1370年携妻杨氏，二子煊元、煊山，由瑞金教谕任满回乡，自西厢五马坊移居大立古方约，被奉为大立开基一世祖。二世煊元，生四子大贤、大林、大选、大宣。三世大贤黄英亮，禀贡生，任普宁县儒学训导，终于任所，敕封府尹，生三子，裔孙驻大立下排，次子移居江西赣州，三子移居小桑坑尾；大林黄登毅，在山茶树排"设店经营"，生二子观达、观逊；

中国名村·广东茶山村

大选黄润洲，生子淳朴，裔孙住岭下、高圳排、大窝里乌柳树下；大宣生二子法敬、法庆，裔孙住上水车、罗衣、大埔银溪等地。四世观达，生子君雪、君梅；观逊生子院雪。五世君雪生子盛

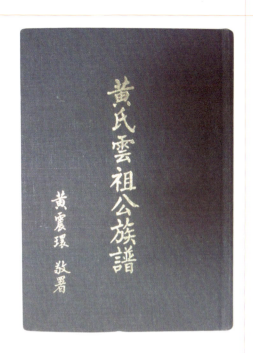

源；君梅生二子棕、杞。六世盛源公生一子隐士；棕生二子苍松、石松；杞生一子东松。七世隐士生二子石泉、石潭，石潭创建恩赐堂祖屋，是为梧塘开基祖；苍松生四子摺溪、汝渊、绍池、汝潜；石松生二子绍堂、竹池；东松公二子耀宇、辉宇。东松于1570年建茶山村祖屋绍德堂，为五世君梅立蒸尝，被奉为茶子山下立基祖。八世耀宇生子复真，辉宇生子国鉴。九世复真生二子桂美、士美。十世桂美、士美裔孙绵延繁衍。桂美生四子应侯、应举、应泰、应钦，士美生四子应试、应宠、应召、应兴。茶山黄姓以九世复真一脉桂美、士美为盛，而近现代茶山名人，多以士美一支为重。十一世应试传至十三世弈盛时，生五子伯深、伯达、伯能（宁）、伯荣、伯兴，仅弈盛就有五子三十孙八十五曾孙。黄姓诸支，自是枝叶繁茂，子孙兴旺。

　　从十四世的伯深、伯荣、伯能（宁）、绍龙为始点，作一纵向连续的考察，就可大致了解黄姓后裔人才辈出的盛况。

茶山村迁台后裔根据1938年的老谱，于1975年重修的《黄氏云祖公族谱》

中兴之祖黄伯能

黄伯能是十三世奕盛的第三个儿子，出生于雍正五年（1727），少小唯勤勤恳恳适世，与人熙善。黄伯能年长后，娶朱氏为妻，夫妻二人以务农为本，日出而作，日落而息，倒也怡然为乐。对于黄伯能的发迹，村里曾流传这样一个故事。说有一日，夫妻二人于山脚下耕作，在一古茶树下耘草，忽然锄头被一硬物碰了一下，低下头查看，原来是几锭元宝，真可谓是天赐财富。有了这几锭元宝作本钱，黄伯能开始尝试经商，由于他不怕苦，讲信誉，生意做得越来越大，在武汉等地开有多家商号，从事贸易，不几年，成就了富有巨万的家业。黄伯能的朱氏妻子为他生有儿子毓昌，后来继配张氏又为他生子毓增、毓腾、毓元、毓秀，庶配钟氏为他生子毓茂。

黄伯能中年发迹，在大江南北多处开有商号，所经营的生意都比较顺利。黄伯能自号"朴园"，即使发迹后他仍对人谦恭有礼，不以财势压人，对乡邻、朋友也是友好和睦，在县乡享有很高声誉。光绪《嘉应州志》记载曰："水车三渡，一大立堡众设，一黄伯能设，一光绪初年杨水发设"，黄伯能还买下水车墟两间商铺，把商铺的收益用来补贴他所设渡口渡夫的工食，以减轻周围几个村落村民过渡的费用。黄伯能在嘉庆五年春天善终，享年74岁。

黄伯能一生不仅生意兴隆，而且子孙兴旺，并热心公益，为本族本乡贡献非常，被后世奉为茶山黄氏中兴之祖。

民国时的茶山村

嘉应首富黄云辉

伯深→毓芹→韶勋→添秀（黄云辉）

茶山村的云汉楼堂上吊着华丽的宫灯，鎏金雕花的屏风高贵大气，过道拱门上端的伞面壁画色彩鲜艳，无不显示着当年的主人春风得意、富贵荣华。云汉楼的主人，便是黄云辉。

黄云辉少年家贫，无钱去梅县县城的正规学堂读书，只在茶山村的书屋读了一点书，13岁那年，就跟着同村黄菊华去新加坡。广东台山人曹亚志因随英国人登陆新加坡，是开埠功臣，在新加坡开创了曹家馆，许多广东人都把新加坡作为"下南洋"的目的地之一。黄云辉来到新加坡后，努力打拼，从学徒做起，逐渐有了自己的生意。他在新加坡城厦门街开了一家"信昌隆"贸易公司，开始从事贸易、海运，经营来自广东、厦门的货物，主要是陶瓷器、砖瓦、花岗岩石板、纸伞、粉条、干果、线香、纸钱、烟草、羽缎、樟脑、糖果、茶以及土布、生丝之类，由于他不怕吃苦，会经营，讲信誉，生意越来越大。黄云辉在新加坡先后娶了四个老婆，生有十个儿子，成为一个财源滚滚、人丁兴旺的大家庭。

客家人具有强烈的宗族与血缘观念，祈求百世开基、子孙繁衍、家族兴旺。华侨无论在天涯海角，无论陆路水路，只要有可能，都争取回故乡来建房屋。黄云辉在新加坡赚了钱后，就开始计划在茶山村建一所大房子，于是动工开建云汉楼。当时交通不便，建房屋所需建筑材料只能从五华和汕头的水路运来，建屋的工匠做工十分精细，每日完成的工作量都有一定的规定，因而前后建了十多年，在1913年农历癸丑寒月，新屋始落成。为表庆贺，乡人送了一副对联曰："国之本在家今人政尚共和群处相安兄弟睦，家以孝伟止从此启宇光前立基裕后子孙贤"，牌匾高高挂在中堂两侧柱子上，鎏金大字熠熠生辉。

为了增加喜庆，黄云辉决定在新屋落成之时，为自己的大儿子在新屋娶妻。新屋落成、娶媳妇进门，两件喜事放在一起办，越发显得圆满吉祥。他带着大儿子黄桂荣回梅县家乡娶新媳妇张焕云进门，想到自己在南洋打拼终于有所成就，黄云辉的心情很高兴，特意让新媳妇张焕云坐着八人抬的大轿子，一路鞭炮迎向茶山村。黄云辉给抬轿子的八个轿夫，每个人做了一套新衣服，给他们买了新帽子、新鞋子，不光是新郎官、新娘子穿得光鲜，轿夫个个也是精神抖擞。乡人送了好几副贺喜的对联："佳偶本天成方欣玉种蓝田丝牵翠幪，良缘由凤定共羡花开并蒂缕结同心"，"玉种在蓝田且咏关雎四句，丝牵连绣幪还歌麟趾三章"，"瑞应华堂旭日和鸣谐凤侣，祥迎绣榻瑶阶熙育长兰芽"，这些对联分别挂在中堂两侧的柱子上，让人们欣赏，同喜同贺。黄云辉为了让众人尽兴，在村子里设了几十桌的流水席，一天之中，上下村二百多户，几百人轮流来吃酒席，场面壮观又热闹，人们像过年一样开心快乐。儿子的婚事办完之后，黄云辉回新加坡，除了留两个儿子在家，把大儿子大儿媳都带去打理家族生意。

茶山村历来很重视教育，村子里有五间书屋，本村的男子都能受到一定的教育，但是女子，特别是许多从外村嫁过来的新媳妇，却很少有识字的。男人下南洋不在家，书信来往要靠其他人来代读代写，导致许多家庭内部的秘密无法保全。为此，黄云辉出资在自家云汉楼对面请人盖了五六间书房，又平整了一个院子，命名为"云汉女子学校"，这个学校足以满足当时村里所有的女子读书之用。黄云辉拿出部分启动资金，由村里请来教书先生，教村中的女子读书，不收学费。茶山村的女人在云汉女子学校读书，基本都可以达到识文断字的水平。黄云辉不仅自己创建了云汉女子学校，也与黄均选等乡贤一起出资捐建了绍德学校。

黄云辉对梅县去新加坡的乡亲很照顾，只要找到他，他都会热情帮助，为在异乡的乡亲们排忧解难。1935年，年仅23岁的梅县同乡黄焕林去新加坡做工，由于他年轻气盛，又爱替乡人打抱不平，加之当时新加坡华侨秘密会社势力很强大，引起新加坡殖民当局的猜忌。他们怀疑黄焕林是秘密会社骨干，就把黄焕林抓起来了。看到儿子被抓，自己又没有好办法解救，黄焕林的父亲去找黄云辉的儿子黄桂荣，黄桂荣到处打通关节，把黄焕林救了出来。黄焕林出来后，想来想去，觉得还是回梅县老家才能避开危险，就坐着黄云辉的航运船回广东，黄云辉未收黄焕林分文船费。黄焕林最终安全地返回了故乡。

黄云辉六十多岁时在新加坡去世，他嘱咐家人将他送回故乡安葬。家人遵其遗言，从水路靠小火轮运输他的楠木棺材回到梅县，所有随船回梅县故乡的人概不收费。当时黄云辉的棺木有32人抬，每16人一班换着抬，运回梅县停库三年。三年后，择日埋葬在水车镇梅江中学松白堰下。

据老人说以前这插着的竹竿是用来挂旗的，如今村民搭上木架用来挂衣服了

外交干臣黄锡铨
（均选）

黄均选是集政治家、外交家、教育家、实业家于一身的客家先贤。

1852年夏历八月初一，黄锡铨出生于茶山村。黄锡铨主要从事过外交、教育、实业、政治等方面的工作，早年曾在日本、美国、秘鲁做过外交官，回国后长期在家乡和南方省份从事兴校办学、创办实业、发展农林等事业。曾当选为广东省临时议会正议长，晚年当选为北京国会参议院议员。

黄锡铨家数代生活在茶山村，耕读传家，日出而作，日落而息。黄锡铨的祖父黄余轩，字国庆，是黄氏开基祖黄云祖第十六世孙。黄余轩"性薛雅慷直，不事华靡"。他多才多艺，喜好抚琴饮酒，热爱旅游，流连山水，"足迹几半天下"，因而阅历丰富、见多识广。黄余轩懂得医术，凡有病家相请，立即拿着药箱赶赴，不管路程远近，不在乎风雨寒暑，对于买不起药的贫穷病人，更是不计较费用。家乡众人都说："医学兼医德者，独先生称首。"乙丑年间，遇大灾荒，很多人没饭吃，余轩减少自家的粮食，赈济灾民，挽救了十多人的生命。家乡众人赞誉他为梅县的"善人"、"信人"。余轩娶林氏为妻，生有四子，其二子镜堂是黄锡铨的父亲。黄镜堂，字君明。他为人"刚直明决，敦本赴义，不挠必成"，被黄氏族祠公推掌管蒸尝，即掌管祭祀祖宗开销所赖以生财的公有资产。他很重视教育，鼓励子孙读书，学有所用。黄镜堂娶廖氏为妻，生有五子，其长子南生即为黄锡铨。

黄锡铨自幼勤奋好学，弱冠之年即应乡试，补嘉应州学生员，随即以品学兼优举为贡生。黄锡铨思想维新，认为

黄钧选像 （张楠 提供）

八股文章毫不务实，空洞无物，科举取士亦不合理，迟早
必废。他二十七八岁即在乡设校教学，坚持学贵道今、求
为实用的宗旨。他自费向北京购《京钞》，向上海购《万国
公报》，以传阅乡人子弟，开梅州人阅报注重时事之先导。
黄锡铨年轻时奉父母之命与罗氏结亲，罗氏育有三子三女。
他在北京后娶杨氏，杨氏育有子女四人，黄中孚、黄和英、
黄甘英、黄同成，其中黄中孚、黄甘英皆为一时人才。中
国足球界曾有"北有李惠堂，南有黄中孚"之美誉，黄甘

英是新中国成立后全国妇联从事外事工作的优秀工作者，在外事工作及其他领域颇有建树。

1880年，黄锡铨应广东大埔县何如璋(时为清驻日公使)之聘，往任驻日公使署文案。在日本两年余，黄锡铨协助当时驻日大使黄遵宪编修《日本志》。1882年，清政府委派黄锡铨任驻美国旧金山总领事署副领事。当时美国人排斥华工与华侨，华人经常受到不合理的严苛待遇，甚至住房、洗衣也受限制，动辄遭拘留，滥加罚金，华工华侨深感痛苦。黄锡铨了解这种情况后，向美国政府交涉并代向法院诉讼，取得胜利，得以清除部分苛刻的条例。据说这是华侨向侨居国法院提出诉讼并获胜的先例，当地侨胞感到十分庆幸。1885年，黄锡铨被调往纽约任正领事。当年，石泉城爆发剧烈排华事件，当地人聚众大肆屠杀华工，死伤千余人，华人财产损失惨重。清政府发电给驻美公使郑藻如，指派黄锡铨由纽约前往石泉调查真相。黄锡铨抵达石泉后，立即夜以继日地投入工作，用一周时间详细调查，并组织人工将死者埋葬，把伤者及时送去医治，将华人死伤人员、财产损失、住房破坏等情况详细写成报告。清政府根据黄锡铨调查所提供的报告，向美国政府提出严正抗议，要求道歉与赔偿，严惩暴动凶手，并采取安全措施以防止再发生类似事件。但是，美国国务卿托词推诿，借口暴动是外来移民之间的互相殴斗，并没有美国公民介入，从而推卸责任。黄锡铨不畏艰险，到处奔走呼吁，联络纽约巨绅、教士和报界，群起书言，要求主持公理与正义，各界纷纷表示同情，对暴力公开责难，一时群情奋扬。由于各界的压力，美国总统克里夫兰请国会采取体恤态度，拨款14.7万元救助受害人。这14.7万元是中国侨民从19世纪初叶到末叶，在美国近百年间受到种种不平等待遇与迫害等许多事件中，首次也是唯一的一次争取到的伤害损失补偿。

黄锡铨在任纽约领事时，由美国进入加拿大境内，加拿大政府针对华侨有一苛刻的规定：凡是华侨入境者收500元。当时驻英国公使曾某，闻听黄锡铨擅长外交，便委托他向加政府据理力争，最后获得胜利，废除入境交费的规定。以后因他调到秘鲁使馆任参赞，代公使职务，继任的人没有才能，入境交费的规定又重新运用。黄锡铨听说了这件事后，大感遗憾。

1889年，黄锡铨因病辞去代理驻秘鲁公使职务，回到广东。不久，东澳门居住的葡萄牙人侵犯广东边境，粤督张文襄派兵到边境镇守，急忙邀请黄锡铨会同蔡国桢与葡议事。历经两年的斗争，获得胜利。

黄锡铨归国返乡后，设学校，种茶桂，兴水利，积仓谷，修桥路，除奸盗，一心一意为乡亲谋进步与福利。他非常重视教育，经常说："欲救国非兴实业，欲救人心非兴教育不可。"他创办"绍德学堂"，并投资参与创办女校，亲自圈定长媳刘氏任校长，夫人罗氏任训导主任。他提倡女学，让女子读书识字，在当时偏僻的乡村是石破天惊的壮举。

1890年后，清政权腐败，梅县邻境各地土匪连年蠢动，惊扰乡里不得安宁，黄锡铨创办团练维持治安。1893年，黄锡铨建立五福乡禁会，在村民中抽取勤苦耐劳之人成立洋枪队，找教练教习射击，曾于40日内会同州牧吴俊三擒获三名匪首，绳之以法，境内随之安定。其后，成立大龙团练局，并兼管大龙局州城保安总局。1901年，又有土匪来犯，据畲坑市场，黄锡铨亲率团勇星夜驰往，击散土匪，拿获十余匪正法。在御匪保乡的同时，黄锡铨还带领乡人修筑了河口至村外的石路，重修了城南祖祠等。

1908年，黄锡铨大力提倡种柑造林，曾著《嘉应兴山利说》。他亲手推创的兴山计划，成效显著，可以有效地减轻水旱灾患，经过一段时间的实行，茶山村山林茂密，薪炭盈仓。他大力推广种植嘉应种桂（桂为植物珍品，桂皮每年行销国外，赚取外汇优厚），他在龙文堡南山下设置种植公司，引导乡民种植，根据乡民家庭情况，分自种、助种两种办法，公司提供种子秧苗，教给经营管理方法。经过数年经营，龙文堡南山下一带丛桂连山，蔚然成林，为乡民家庭带来了可观的收益。

黄锡铨对家乡的青年人非常关心爱护，遇有可造就的人才，更是尽一切努力来培养提携，对家庭困难财力不支的给以资助，对需要接受培养教育的送去学校，对步入社会的给介绍工作，对有发展前途的则推荐备至。1913年，他当选为国会参议院参议员，在京任职时，不忘提携乡里子弟，帮助他们进京求学求深造，不但供以食宿而且月给零用，至其能自立为止。受他帮助过的青年人不乏其人。黄琪翔将军年轻时，黄锡铨见他是个难得的人才，就安排黄琪翔住在自己家里，后送他去保定军官学校深造，亲自为他举荐。受到黄锡铨关心资助的还有黄锦祥、黄季植、何桂国以及香港名医黄震遐之父等人。黄纯泰先生曾在香港刊物《文丛》上撰文，叙述对黄锡铨的感念之情，他在文中说："1924年我毕业于梅州中学，家贫无力升学，求助于他，他慨然应允，每年补助我50元，升学意愿得以完成。我初到北京时，他怕我人地生疏，特派人打着'接待×××'的旗子到车站接我。住在他家里，循循善诱地教导我,这是我永记不忘的。"黄锡铨对家乡青年人才的关心培植可从此略见一斑。

1925年农历二月初七，黄锡铨病逝于北京寓所，按照他的遗嘱运柩回南，常眠于他为之付出无数心血的、深深眷恋的梅县故乡。

经茶山村迁台后裔多年努力，黄氏云祖公纪念碑终于 1979 年在台湾苗栗县公馆乡尖山村落成

伯能（宁）→毓秀→庆捷→为香→康华

传奇商人黄康华

　　黄康华是一个非常具有传奇色彩的商人，他的出生和后来在印度尼西亚发迹的经历，都是一种传奇。

　　传说黄康华母亲十月怀胎，一朝分娩在即，家人急忙叫来经验丰富的接生婆。接生婆刚进黄家，好端端的晴朗天顿时变了，乌云翻滚，雷电交加，倾盆大雨像倒似的下起来，闪电围着黄家闪烁，雷声一个一个挨着黄家房屋炸响，好像就要天翻地覆，就在这个时候黄康华出生了。接生婆把婴儿接到手，不禁大吃一惊，只见这个婴儿是人头鲩鱼身，鱼尾巴扑棱棱作响，接生婆受到很大惊吓，急忙拿着个大脚盆覆盖在婴儿身上。"哇"地一声，传来了响亮的哭声，揭开脚盆，只见是个相貌不凡的婴儿。稍稍长大后，黄康华喜欢游水、戏水，每次戏水后便隐隐可见"鱼鳞"遍布全身。他见到水就开心，水性也很好，乡里人就附会说他是鲩鱼精转世，遇水就有大福分，将来会有大出息。

为了生存、为了发展，期望有朝一日衣锦还乡，光宗耀祖，黄康华跟着黄菊华下南洋谋生，他到了印度尼西亚的泗水。泗水是印度尼西亚最重要的商贸港口城市之一，港口水深，交通便利，在16世纪末就成为印度尼西亚华侨的商业中心。早在宋元之际，梅县松口人卓谋等一批青年，便落地在今印度尼西亚加里曼丹岛，明清时去南洋（今东南亚）的客家人更多，可见客家人迁徙海外，从开发南洋诸岛开始，至今已有六七百年的历史。到19世纪中叶以后，客家人不断大批迁居海外，特别是广东之梅县，有民谚云："梅县番客（华侨）断家不断屋。"

印度尼西亚天气奇热，黄康华卖"仙人粄"（凉粉，"仙人草"熬制而成）给做工的工人吃。"仙人粄"呈黑色凝胶状，食用时用小刀搞碎，配以蜂蜜（或白糖）和香露，甘、香、韧、滑而又带有"仙人草"特有的香味。天热吃了"仙人粄"可以起到降温避暑的作用。黄康华卖的"仙人粄"颇受欢迎，他就这样一天天过着日子。

有一天傍晚，有位荷兰驻印度尼西亚贸易官员范佩西先生，到黄康华的摊位来吃"仙人粄"，吃完后就走了，黄康华也没特别在意。晚上，黄康华收摊时，发现了一个鼓鼓的包，里面有很多花花绿绿的票据和钞票，黄康华看了以后，怕失主着急，就在原地等到半夜，也没见人来，就先收摊回去了。第二天一早，他刚摆好摊位，范佩西先生就匆忙走来，黄康华就将包还给了他。范佩西先生最怕贸易单据丢失，现在安然无恙，便拿出一把钞票给黄康华。黄康华坚辞不要，范佩西先生只好再三道谢地走了。

　　过了几天，范佩西来到黄康华的摊位，坐下来很认真地问他，愿不愿意做贸易生意，黄康华说："我没有钱，也不认识做贸易的人，还是算了。"范佩西说："不要紧，我租仓库，告诉你进什么货物，告诉你什么时候、什么价钱卖出，你照着做就行了，我把你当做合作伙伴，贸易带来的利润我们二人共享。"黄康华看范佩西很真诚，就和他合伙做起了生意。这个时期，第一次世界大战爆发了，东南亚各殖民宗主国均卷入世界大战，受战争牵制，对东南亚的投资几乎中断，商品输出也大为减少。东南亚的华商资本乘机崛起，战争期间各交战国对生产资料和生活资料，尤其是与战争相关的橡胶制品、锡、粮食、食糖、各类五金制品、小型船舶等货物需求激增，泗水交通便利，成为各类货物的中转和集散地。范佩西和黄康华利用这个机会，进一步扩大发展了他们的贸易，赚了很多钱。后来黄康华又相继开了碾米厂、油脂厂、酒精厂、木材厂、皮革厂、橡胶厂，开始做起实业，资本越来越大，成了泗水的首富。

　　黄康华富裕后也回茶山村盖起一所气势雄壮的大屋，命名为"访云楼"，门楼上撰写"访庐积德，云阁生辉"，在房屋中厅的墙壁上，画了一幅栩栩如生的"鲩鱼戏水图"。他也很乐意积德行善，捐资在家乡修建桥梁、道路、兴办学校，乡人对他的所作所为很认可，尤其他出生与发迹的故事，成为乡间众人津津乐道的逸闻。

爱国名将黄琪翔

伯能(宁)→毓增→庆高→为清→富霖→祺祥(琪翔)(母刘桂伍,妻郭秀仪)

黄琪翔

伯能系下,诞生了一位至今为人广为传颂的杰出人物——黄琪翔。黄琪翔是中国农工民主党的创始人和领导人之一,是一位著名的爱国主义者和政治活动家,是中国共产党的挚友。人们常说,一方水土养一方人。客家人的务实与经世态度,让他们能够很好地面对现实与担当现实。黄琪翔秉承了客家人的济世情怀,他忠贞勇武,高洁磊落,宽厚豪爽,谦逊善良。他常常谆谆教导身边的人说:"人谁不死?死国,忠义之大者。""我们的生命不属于自己,它属于中华民族的亿万民众,生命的价值和意义在于此!"正是有这种经世的胸怀,黄琪翔才会从一个平凡的农家子弟,成长为不平凡的一代英杰,国之栋梁。

黄琪翔出生于1898年7月。黄家祖辈世代务农,由于家计艰难,其父黄富霖被迫远渡印度尼西亚谋生,其母刘桂伍居家操业。黄琪翔童年在村塾就学,1911年,他的族伯父黄锡铨(钧选)看到他聪颖过人,就介绍他进了自己创办的梅县务本中学读书,后又到广州进优级师范附中求学。1912年,在黄锡铨的鼓励下,黄琪翔进入广东陆军小学,从此开始了他的军人生涯。当时乡民都说他是"泡沫鱼游大江",意思是他这个才由鱼卵孵出的小鱼,赶着春汛泡沫顺大江而下,前景难卜。那时交通极为不便,从梅县到广州,需经过汕头乘船到香港转道,要五六天才能到达。

黄琪翔读书很刻苦,成绩优异。他在广东陆军小学读书时,父亲曾去学校看过他一次。他父亲当时连鞋都舍不得穿,把一双布鞋夹在胳膊下打赤脚走路,到学校大门口才把布鞋穿上。

黄琪翔早年以优良的成绩从广东陆军小学毕业，先后在湖北第三陆军中学、保定入伍生队、保定陆军军官学校炮兵科第六期学习。1919年，黄琪翔于保定军校毕业后，分配到北洋边防军第一师炮兵团第三营任排长，同年调回保定军校任炮兵队队长。陈诚是他队上的学生，陈诚很钦佩黄琪翔，两人私交很好。抗日战争时期，黄琪翔几次与陈诚合作，出任陈诚的副职，但陈诚常对人说，"黄琪翔是我的老师"。黄琪翔深受孙中山革命思想的影响，毅然辞去保定军校职务，回广东追随孙中山，任孙中山嫡系部队的少校参谋，后来重新整编第一师，黄琪翔出任该师第三营营长。1924年，粤军第一师扩充为第四军，黄琪翔任第三十六团团长，叶挺任独立团团长。黄琪翔相继参加了第一次东征、第二次东征和南讨邓本殷的战役，在战场上得到锻炼，增长了军事才干。他英勇作战，身先士卒，卓有战功。

1926年7月，广州国民政府举行北伐。黄琪翔随国民革命军第四军第十二师进入湖南、湖北、江西、河南，在平江、汀泗桥、马回岭、上蔡、临颍等重要战役中，都建立了功劳，成为北伐著名的战将之一。

汀泗桥之役后，黄琪翔因功升为少将团长。之后，黄琪翔率部参加了贺胜桥之役和围攻武昌之役。第四军回师武汉，进行整编，第十二师扩编为第四军，张发奎升任军长，黄琪翔升任该军第十二师师长。

1927年4月，武汉政府以唐生智为总司令，出师河南，继续北伐。黄琪翔为第四军前敌总指挥。回驻武汉后，黄琪翔升任第四军军长。

1936年10月，陈诚致电在柏林的黄琪翔，要他回国参加抗战。1937年1月，蒋介石在南京召见黄琪翔，委任他为中将高级参谋，旋后任命为训练总监炮兵监。1937年，

1937年8月间，国共两党在南京进行谈判，21日正式达成两党合作协议。图为两党代表在南京黄宅庭院合影。右起：朱德、周恩来、黄琪翔、郭秀仪、叶剑英、张群

"八·一三"抗战爆发。张治中任第九集团军总司令，黄琪翔为副总司令防守上海。不久，又调任第八集团军副总司令，指挥青浦、嘉定一线的防御作战。日军以其海、空优势，在杭州湾金山卫登陆，绕攻上海。上海抗战最终失败。国民党在武汉成立军事委员会政治部，蒋介石委任陈诚为政治部部长，周恩来、黄琪翔为副部长。黄琪翔坦诚与周恩来合作，双方结下了深厚的友谊。黄琪翔担任第十一集团军总司令，驻防湖北襄樊，参加了抗战中较重大的战役之一——枣宜会战。黄琪翔的第十一集团军属第五战区司令长官李宗仁统辖，担任枣阳地区正面防守。因第二十二集团军总司令孙震请假回四川，战区长官部命令黄琪翔兼任该集团军总司令，指挥该部作战。当时战况惨烈，枣阳、襄阳、樊城相继失守，黄琪翔曾愤慨地说："若有当日第四军在手，我对抗战不至于毫无办法。"黄琪翔指挥作战沉着冷静，虽敌机在头上盘旋，炮声在耳边轰响，都若无其事，镇静如常。他大胆使用进步人士如廖沫沙、朱洁夫、陈卓凡等人，担任重要工作。1941年冬，黄琪翔调任第六战区副司令长官，驻湖北恩施和四川黔江。

皖南事变后，新四军军长叶挺被拘禁在恩施。黄琪翔早年与叶挺将军并肩北伐，患难与共，他不避嫌疑，经常和夫人郭秀仪女士前往看望。两人经常在叶挺居住的平房前，并肩散步，谈笑风生，旁若无人。1962年，他来到故地，作《南行绝句》留念："曾记当年衰草地，重来已是果粮山。多情小燕知何处？红叶长留天地间。""红叶"显然暗喻叶挺将军。

太平洋战争爆发后，中国组织远征军，在昆明设远征军司令长官部，黄琪翔任副司令长官。

抗战胜利了，在和平建国的呼声中，经过中国共产党的努力，国共两党通过重庆谈判签订了《双十协定》。黄琪翔对此感到非常振奋，他在重庆各界欢迎李济深、田汉等来渝和庆贺叶挺、廖承志出狱的宴会上说："胜利之初，军人很兴奋，但跟着就渐渐烦闷，担忧内战爆发。我当时多方说明国内外大势要趋于和平，保证内战不会发生。但后来事实一天天证明与我见解相反，心里很难过。后来政协开会，天天看报收听广播，知道结果完满，停止冲突已成为定案，心里转而高兴。虽然问题不简单，波折仍有，但从大处看，内战已绝对不能打了。"表达了他渴望和平的愿望。他身为国民党上将，这番言论自然影响不小，结果又传到蒋介石耳朵里。蒋介石很不高兴，托陈诚捎话警告黄琪翔"以后不要乱讲话"。

1947年6月，黄琪翔不愿参加内战，主动要求赴柏林出任驻德军事代表团团长。9月，"闻柏林美苏关系紧张，冷战有变为热战可能，究竟情况如何，须即回国报告"，蒋介石遂电招黄琪翔回南京。

1949年8月，黄琪翔在中共组织安排下携眷北上，回到北平，以特邀代表资格参加了第一届全国政治协商会议，并参加了中华人民共和国开国大典。新中国成立后，黄琪翔在武汉历任中南军政委员会委员兼司法部长、法案委员会委员，后赴京任国家体委副主任、国防委员会委员、全国政协常务委员及中国农工民主党中央委员会副主席和秘书长等职，并当选为第一届全国人民代表大会代表。

大概就是因为童年生活艰苦吧，黄琪翔一向对母亲极为孝顺。他的母亲刘桂伍，有妇德，很能干，人们遇到困难

1
2

1.黄琪翔和周恩来于1938年在武汉合影
2.黄琪翔和郭秀仪的合影

中—国—名—村—·—广—东—茶—山—村—

都喜欢去找她，她也乐意帮助人，在梅县乡下很受当地人尊重。

黄琪翔驻军南粤的时候，招用村中子弟黄心灵到部队当军需官，管理部队的军款。但黄心灵这人有吃喝玩乐奢侈享受的坏习惯，有一次跑到香港，带去一些军饷，过着花天酒地的日子，每天都要用新鲜的茉莉花摆放在房子里，洗澡还要在水中加牛奶。黄琪翔听说黄心灵贪污军款，就要派人把他抓回来枪毙以正军法。黄心灵听到这个消息，吓得魂飞魄散，急忙偷偷潜回梅县老家，找人出主意。别人告诉他，去找黄琪翔的母亲求情，黄琪翔是个大孝子，对他母亲言听计从，获救或许还有希望。于是黄心灵的母亲带着儿子来到刘老太太面前，母子一起跪下求情。后来，黄琪翔在母亲的劝说下，没有枪毙黄心灵，责令其退还军饷，革职回乡。

茶山村人黄良泰，在梅县的龙虎墟当警长。当时有些乡民沉溺赌博，是一大公害。黄良泰手段强硬，常常带乡警去抓赌，由此在乡间很出名。有一次，梅县的县长梁国财与黄良泰打赌，他说："某村时常聚赌，都是因其中一赌徒有一儿子是军队的师长，无人敢去抓赌，周围村落赌徒都仗此前往，故而赌博十分猖獗，你，黄良泰可敢去抓？"黄良泰受此一激，当即允诺，带着乡警去捉赌，把那位师长的爸爸罗某绑起来一顿鞭打。黄良泰打了师长爸爸，师长兴师动众亲自回乡，找到县里要求处罚黄良泰。县里没办法，只好把黄良泰抓起来。有多智的乡人给黄良泰的母亲出主意，说："你去找刘老太，她儿子黄琪翔是更大的官，压着师长。"黄良泰母亲受此点拨，就去求刘老太帮忙。刘老太听说原委，第二日一早到了县里，径直进了县衙，走到关押黄良泰的地方，对他说："侄儿走到这里干什么？大家都在有事找你，跟我回家。"说完，拉着黄良泰的手就走了出来。大家都知道刘老太是黄琪翔将军的母亲，平时对她很尊重，没有人出来拦阻。后来那位师长听了也没办法，只好不了了之。

黄琪翔夫人郭秀仪祖籍广东中山，出生于上海，是知名爱国民主人士、社会活动家，中国妇女运动的先行者之一。抗日战争爆发后，她积极投身抗战事业。在日军铁蹄下，无数儿童无家可归，处境凄惨。1938 年郭秀仪与宋美龄、邓颖超等各界知名人士创建并领导了"中国战时儿童保育会"及"妇女抗日救国委员会"，拯救、收容和培育了战争难童三万余名。郭秀仪是保育会的常务理事，并担任经济委员会副主任兼征募部副部长。保育会成立后，在武汉掀起了颇有声势的为拯救难童募捐的活动。郭秀仪亲自主持汉口的献金台，到街头募捐。此外，她还把自己积蓄的两万余元捐献出来，并负担了 442 名难童的长年生活费用，每个难童每年生活费约 60 元。当时郭秀仪的募款额位居第二，仅次于宋美龄。

1939 年，黄琪翔将军任第十一集团军总司令时，她身为司令部妇女工作队队长，亲自率领随军家属在枪林弹雨中抢救伤员、慰劳战士。抗战胜利后，郭秀仪和黄琪翔双双荣获抗战胜利勋章。1995 年 9 月，抗战胜利 50 周年纪念活动中，她是百名荣膺"抗日老战士"中三位女战士之一。

新中国成立后，郭秀仪拜齐白石为师作国画，为白石老人唯一的女弟子，享誉京华艺坛。今悬挂于绍德堂的"绍德堂"堂匾，就是通过郭秀仪请黄苗子亲笔题书的。

1
2

1. 郭秀仪
2. 齐白石与弟子郭秀仪

中国名村·广东茶山村

客家女儿黄甘英

"近来，我常常回首往事，童年、青少年、成年、老年的经历一幕一幕走马灯似地呈现在眼前。我赶上了波澜壮阔的时代。我亲身经历了无数次的战斗。无论是在日寇侵华的铁蹄下，在国民党反动派的腥风血雨中，还是在"文革"打倒一切走资派的残酷斗争中，我一直像个斗士，永不向艰难困苦低头，不向莫须有的罪名屈服，活得光明磊落。回顾我的一生，在党的指引下，在平凡的岗位上，我为党的事业，为妇女解放事业，贡献了全部心血。我无愧于国家，无愧于党。"这是我国著名妇女活动家黄甘英在她的自传开篇中的一段话，读来让人不禁动容。

黄甘英是我国早期著名外交家黄锡铨的爱女，她五岁时随着母亲护送父亲灵柩回到梅县，在水车墟茶山村故乡生活了一段时间，随后离开家乡去北京上学，学生时代参加了"一二·九"运动，走上了革命道路，历经艰苦卓绝的抗日游击战争和城市地下斗争，新中国成立后，她当选为中共第十二届候补中央委员，第三、第五届全国人大代表，第五、第七、第八届全国政协常委，中国人民保卫儿童全国委员会副主席，第四、第五届全国妇联副主席、党组副书记，曾代表中国妇联担任联合国妇女地位委员中的中国委员和"国际和平年"中国组织委员会副主任委员，中共中央纪律检查委员会委员等，以后致力于海内外客家联谊，为促进中国和平统一事业与社会进步，忘我工作。

她虽然一直忙于工作，但家乡的一草一木始终牵挂着她的心。

一次，黄甘英老人回茶山村，无法一家一户拜访乡亲，但是她又非常希望能和乡亲们聊一聊谈一谈，于是她就准备了一些小菜，请久别的乡亲集体聚会座谈，以表达她的心意。当时村子里有两个大姓，一个姓黄，一个姓杨，不是很团结，常有纠纷，还彼此不说话。黄甘英在计划召集乡亲们座谈时并不知道这种情况，所以当她提出组织聚会时，黄姓不少人不同意请杨姓参加。黄甘英知道黄、杨两姓不团结的事情后，决定趁此聚会做做黄、杨两姓的工作。于是她在聚会时两姓的人都请了，而且特别把两姓中年长的人安排在前两桌次，她在讲话时也特别强调了团结问题。当时，黄甘英的哥哥黄中孚、梅州市原副市长都来参加聚会，她就带着哥哥黄中孚给两姓长辈一一敬酒，后来杨姓乡亲特别满意，觉得黄甘英看得起他们，黄姓乡亲也满意，从此两姓的纠纷也少了。

　　黄甘英家所在的茶山村到水车墟去赶集，中间隔着一条宽宽的梅江，要坐渡船摆渡过去，连孩子们读书上学也需摆渡。因为这个水上交通问题，家乡的经济一直发展不起来，河对岸几个村子的乡民们心中都盼望着能够修起一座大桥，把村子与外面连起来。可是包括茶山村等几个村子所在的水车镇财政收入有限，没有力量来修桥，于是当时的乡镇领导就设法找到黄甘英，希望她能在北京帮他们找主管部门立项、筹钱。黄甘英听说这事后，非常乐意去为家乡人民出把力，在多方努力下，终于在家门口建起了连接镇里的大桥，从此天堑变通途。在大桥落成的庆典仪式上，乡亲们别提多高兴了，他们敲锣打鼓地庆贺，到处说："姑婆修桥铺路功德无量。"为了表示感激之情，他们在桥中刻上了"黄甘英"三个大字，看着几个受益村子的村民日子过好了，黄甘英感到特别欣慰。

　　梅县历来有重视教育的传统，梅州嘉应大学的创建是当地的一件大事。早在黄甘英的父亲黄锡铨时，就拟兴办嘉应大学，已寻得校址，可惜因为黄锡铨后来离乡进京任职，而未能如愿。黄甘英继承父志，倡导组织了一个基金

1
2

1. 在 2009 年全国妇联举办的纪念"五四"运动 90 周年青年论坛上，黄甘英作为老革命家代表到会并作讲话

2. 黄甘英十分关心和支持家乡的建设，总抽空回梅州和茶山村看看（张楠 提供）

会，嘉应大学在开创之时经费非常困难，于是基金会提出，将嘉应大桥的过桥费提出一定比例，作为嘉应大学的长期办学经费。这个提议被通过，一直延续至今，为嘉应大学的快速发展提供了坚实的财政支持。黄甘英还担任了三年嘉应大学副董事长和基金会会长，每年要往返梅州好几次，义务为家乡"打工"。

黄甘英与家乡的联系多了，就深深感到光靠个人的力量改变家乡的面貌实在太困难，应该发动更多的人一起共谋家乡发展的大计。于是，黄甘英充分利用自己长期从事外事工作的经验，联络了一些客家资深的政治家、外交家和科学家，发起成立北京客家海外联谊会，她亲自担任会长并不辞劳苦地为团结客家人而四处奔波。

早在20世纪80年代，美国旧金山世界客属联谊会邀请国内客家代表出席大会，黄甘英、郭秀仪、梅州山歌团的团长应邀组团出席。大会开幕前，世界客属联谊会的一部分人主张在会场悬挂国民党党旗和蒋介石画像，在这个问题上，黄甘英明确表示不同意，为此双方僵持到夜里两三点，当时对方有人放出话来，没有什么好商量的，就是挂国民党党旗，如果不同意可以出去。见此情景，黄甘英表示必须要郑重表态，一位香港友人捅捅黄甘英，劝她不要讲了，她没体会，反而大着嗓门说："请大家安静，听我说一说，哪怕十分钟。"会场顿时静了下来，"我们是从北京来的，路途遥远，不是来跟你们吵架的，是想和大家共同开一个团结和睦的大会。如果你们提出的条件我们不能接受，我们势必要退出会场；而我们提出的条件你们不接受也同样会退出会场。我们不希望开成分裂的会。你们是不是可以考虑，不要挂国民党党旗，我们也不要求你们同意挂共产党党旗，我们可以折衷一下，我建议是否可以挂一面客属联谊会的会旗，我们各方都不要强加于人。"黄甘英的话结束后，会场静了几分钟，然后就是"哗哗哗"的掌声响起来了，原来的极力反对者也跑过来与黄甘英握手，会场代表一致同意黄甘英的提议。从此以后，世界客属联谊会大会都是挂会旗，目前联谊会已开到第 20 届了，还保持着这个传统。

当台湾陈水扁公然抛出"去中国化"、"公投"，企图分裂祖国时，在这个大是大非问题上，黄甘英又同香港（澳门）海峡两岸关系研究中心访京团商量共同发起"全球客家促进中国统一大联盟倡议书"，在《香港崇正报》及时发表后，反响强烈，先后有近百个社团响应，签名达到 150 万人之多。2005 年初夏，当胡锦涛总书记在京分别会见连战、宋楚瑜，台海局势出现新转机之际，在北京市侨联主持下，黄甘英邀请了以台湾为主的港澳台五个客属社团 24 人访京，参加"两岸四地客家乡亲话乡情"活动，反映很好，增进了两岸客家同胞同根共祖的认同感。

从此，黄甘英把北京客家海外联谊会的工作作为自己人生的又一个新的起点。因为德高望重，她一直当选为联谊会长，数次辞请退位，都没有通过，2011 年再次以 92 岁高龄当选会长，她对旁人说，她要为客家人的团结发展奋斗到最后一刻。

中一国一名一村·一广一东一茶一山一村一

雕塑家黄心维

伯荣→毓智→安庆→秀堂→常生→心维

客家人普遍爱好读书，潘耒《程乡》诗云："迢递层城枕碧流，披图知是古梅州。三春胜概南田洞，万古英风铁汉楼。饶有江山供客览，虚传瘴厉使人愁。儒风见说如邹鲁，文献还思细访求。"他盛赞梅州："地多胜景，文教兴盛。"在这种文风的培育熏陶下，这里走出了众多的文人雅士，当代著名雕塑家黄心维就是其中之一，他少涉诗文，壮习雕塑，虽生在动荡年代，饱经沧桑，却振作不凡。

"梅江水清清，是吾生长地。"黄心维生于 1907 年 6 月 7 日。黄心维的祖上以耕作为业，日子虽清苦却也乐在其中。耕作之余，幼年的黄心维常常以地为画布，以树枝为笔，信手画来倒也生动有趣。稍稍大一点后，他自学画人物像。1927 年，为了实现自己在美术领域的梦想，20 岁的黄心维从亲戚家借了路费，带着满腹的豪气壮志，来到上海，考入杭州国立艺术学院雕塑系。他特别喜欢雕塑，先后师从我国雕塑家先辈李金发、王静远，苏联教授卡姆斯基、英国教授魏达等，打下坚实的雕塑艺术基础。

1934 年本科毕业后，黄心维受聘在上海魏达洋行工作，主要承接上海、香港等地雕塑订货。香港汇丰银行大门前耸立的一对威武的大铜狮，就是他早年和魏达教授合作的作品，是一件珍罕无比的雕刻作品。黄心维逐渐形成了自己的艺术风格，在我国雕塑界崭露头角。就在黄心维的雕塑艺术事业正如日方升之时，抗日战争全面爆发。这个时期，正是他实现艺术理想的大好时光。但是为了挽救民族于危亡，他毅然放弃艺术发展的机会，同千千万万热血青年一样，义无反顾地投入到上海军民抗击日本侵略军的战斗中。在这个阶段，黄心维利用自己在美术界的影响积极参加社会活动，他参与了中国农工民主党为推动国共两党团结抗日第二次合作的政治活动。八年抗战，黄心维怀着保家卫国、为国捐躯的坚强信念，始终战斗在抗战前线，体现了一位热血男儿的民族气节。

新中国成立后，黄心维正式加入中国农工民主党，不仅担任农工党沈阳市委员会常委、对外联络工作委员会主任等职务，他还担任了中南行政区文化部艺术处副科长，主持规划行政区新建筑群雕塑设计工作以及雕塑艺术创作。黄心维经常深入基层，到生活中去寻找创作的灵感，创作了大量的作品。1953 年，文化部派遣他到沈阳鲁迅美术学院担任雕塑系教授，这一阶段，黄心维先生创作了许多脍炙人口的雕塑作品，如解放四平战士像、志愿军战士像、哈尔滨防洪纪念碑、朱总司令骑马像、鲁迅先生、北京农展馆大型雕塑等。20 世纪 50 年代他主持铸造的四平解放纪念碑、大连苏军战士纪念碑、锦州辽沈战役纪念碑等大型雕像的铸钢工程至今仍然是难得的好作品。黄心维的作品严谨、流畅、写实，构成了他朴实无华的创作风格。

黄心维作品《母亲》

"文革"开始后，黄心维也受到了冲击，在史无前例的十年动乱中，饱受常人难以忍受的残酷迫害，身心受到严重摧残，妻子病故都不准回家处理后事。黄心维后来在《悼亡妻》诗中沉痛回忆说："十年生死隔幽明，夜深沉，噩梦索。泉路孤魂，迢迢万里程。纵有回生起死药，骨已朽，料难苏。"随后，他就被抄家赶出家门，"遣送"回了原籍广东梅县老家。在家乡虽然不能像在美术学院那样一心一意地搞创作了，但是他还是热情地为乡亲们画像，在乡下

中 — 国 — 名 — 村 · 广 — 东 — 茶 — 山 — 村

创作的泥塑"母亲"，气韵生动，形神兼备，反映了他热爱家乡、热爱乡亲的真挚情感。当时黄心维已是六十多岁了，子女上山下乡各奔东西，他的境遇很困苦，但黄心维是位外柔内刚的汉子，他不停地向中央、省、市有关部门上诉，足足写了13年上诉书，仅仅美术学院收到他的上诉书就有一米多高。1979年，大地回春，黄心维九死一生，政府为他平了反，恢复了工作。

改革开放以后，古稀之年的黄心维老骥伏枥心更坚，他不仅创作了"邓演达烈士"等一大批塑像作品，祖国的大江南北也都有他的雕塑作品。他还利用自己民主党派的政治优势，热心于海外华人的联络工作，尽心尽力地加强海峡两岸以及海内外华人的联系，为实现祖国统一大业、为祖国现代化建设贡献着自己的力量。

黄心维深受中国传统文化的熏陶，对母亲亲侍左右，是一位大孝子，从1934年工作开始到"文革"停发工资，三十多年来一直按月给老家寄钱，供养父母、资助弟兄。1969年他被遣送押回老家，他的老母亲已90岁高龄，他怕年迈的母亲受不了刺激，没有把自己的冤屈告诉母亲，而是安慰母亲说："儿子不孝，常年在外，这次专门回家侍候母亲。"冬天的天气很寒冷，他看见老母亲睡在硬木板床上，家里又没有多余的棉被用来铺床，便把自己大衣的羊毛里子拆下，给老母亲当床垫子，把自己的大衣给老母亲盖在上面，就这样一直守候在母亲身边，直到三年后母亲离开人世。

黄心维的书法和诗词也颇有造诣。他的草书苍拙刚健、丰润圆满，笔势的挺、按、翻、转像他的雕刻作品一样。他为纪念黄均选所写的《黄均选纪念碑记》现在还镶嵌在"绍德学堂"的墙上，碑文中每个字都有血有肉、有筋有骨。

他的小楷更是精雕细琢、秀丽端庄。黄心维诗作颇丰，以诗抒怀咏志，诗中机趣自成。《忆乡间圩市候渡》云："人流涌向大江边，摩肩挤腿等候渡。篙手老曹腰板硬，逆水横流逐浪前。"《南湖春色》云："南湖春意好，短舟划中流。桃李花争艳，长河夹岸柳。画地建飞车，筑厅景添秀。明年花更丽，更上一层楼。"《农村集市所见速写》云："乡径迂回大路通，绿女红男赶集忙。挑满番薯并瓜菜，卖掉三鸟换米粮。小子不解父母苦，漫羡邻孩更新装。豆腐落釜双面赤，草板加糖沁心凉。东华山高复朝宇，白叶滩前建戏场。三日劳累半天乐，共水乡亲情意长。勿嫌道远惜足力，有朋他村亦故乡。余兴未阑渐黄昏，月移竹影上山岗。"他的这些诗都是写梅县生活，写茶子山村，写梅江渡口，写水车墟市，句句充满激情，表达了他对家乡真挚朴实的爱。他对自己的诗词作品《山史诗集》评价为："虽不登大雅之堂，不合名家口味，不过聊记雪泥鸿爪，重印象，信手拈来，有感提笔，意完即止，发挥自由，故善破唐宋词牌语句长短字数限制，但求和谐韵律，咏之成声。"他的诗词虽未正式发表，只是在亲友中传咏，但是许多精彩的诗句还是为人们所喜爱。

1989年9月26日，黄心维像平时一样地工作着。上午，他拄着拐杖步行到展览馆，参观了"鲁迅先生版画展"，买了纸、墨，准备日后之用，然后又到雕塑工作室与自己的学生交谈，依依不舍地与他们告别；下午，他为燕少翔教授写了大幅书法条幅"寿"，给印度尼西亚的宗亲回信，抽出时间看历史、诗词、书法等书籍；晚上，黄心维突发脑溢血，送到医院医治，9月29日凌晨4时30分在沈阳逝世，享年83岁。

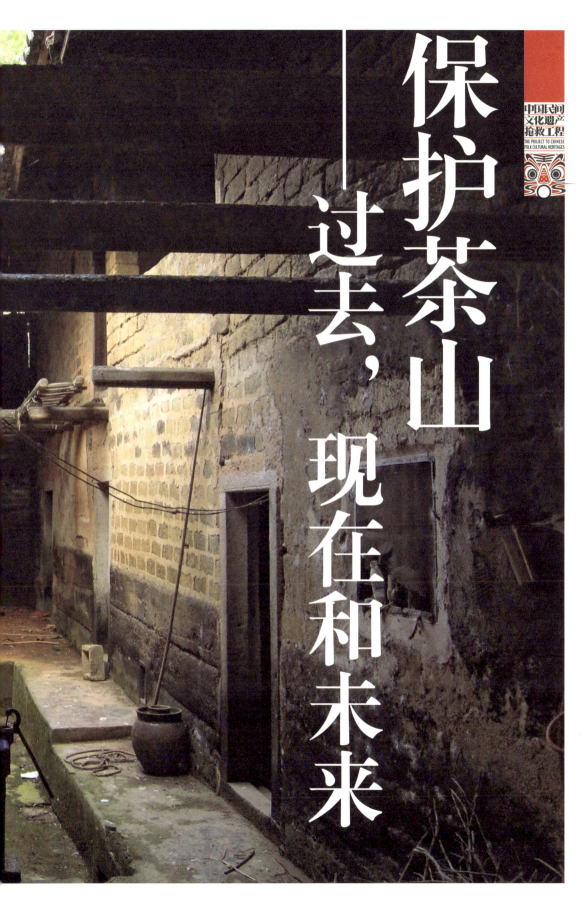

保护茶山

过去，现在和未来

中国民间
文化遗产
抢救工程
THE PROJECT TO CHINESE
FOLK CULTURAL HERITAGES

SOS

冯骥才先生曾说过："非物质文化有时是严重依赖于其物质载体才得以呈现、表现和传承传播的，如果丧失原来的生产方式、生活环境、传统器物，他们也就失去了自己的文化空间。"

值得庆幸的事，茶山村的生存环境依旧沿袭传统习俗，无论是农耕生产还是生活饮食，茶山人都还保有自己的特色。百年来延续下来的生产、生活方式，为茶山的乡土文化传承与发展提供了土壤。

村落的保护

世事变迁，和中国所有古村落一样，茶山村也正经受着物欲世界带来的强烈冲击。

传统民居在新式砖混结构的楼房包围中，开始出现不同程度的损毁甚至倒塌；村落环境在现代生活方式下，受到化工产品的污染和侵蚀；乡土文化面对信息时代时，开始显得底气不足，缺乏自信。

但不管怎样变，数百年来，世代茶山人总是能一次又一次地抵御来自外敌、来自自然界、来自外面世界的入侵，试图去保留一个最完整、最纯粹的桃源茶山。如今，茶山村也正打响村落"保卫战"。

一直以来，茶山人都对自己的家园爱护有加。在绍德堂门口留有的碑刻上，清晰地对祖祠、祠内物件以及周边的树木、环境的保护作出规定，并对破坏者予以惩罚。茶山村规模最大的传统建筑畅云楼大门边，至今依稀可见"四防公约"，从防火、防盗方面给村民提醒和警示。

民国《大埔县志》记载："山多田少，树艺无方，土地所出，不给食用。走川生，越重洋，离乡井，背父母，以薪补救。"同为客家人的茶山村民也走过这样一条艰辛的求生路。研读黄氏族谱不难发现，早在16世纪，茶山村的黄氏成员就有下南洋的记录，特别是在黄氏十七、十八世（即清朝中后期），茶山村迎来了下南洋的高潮。许多黄氏宗亲前往南洋谋生，并最终闯荡出一片天地。落叶终需归

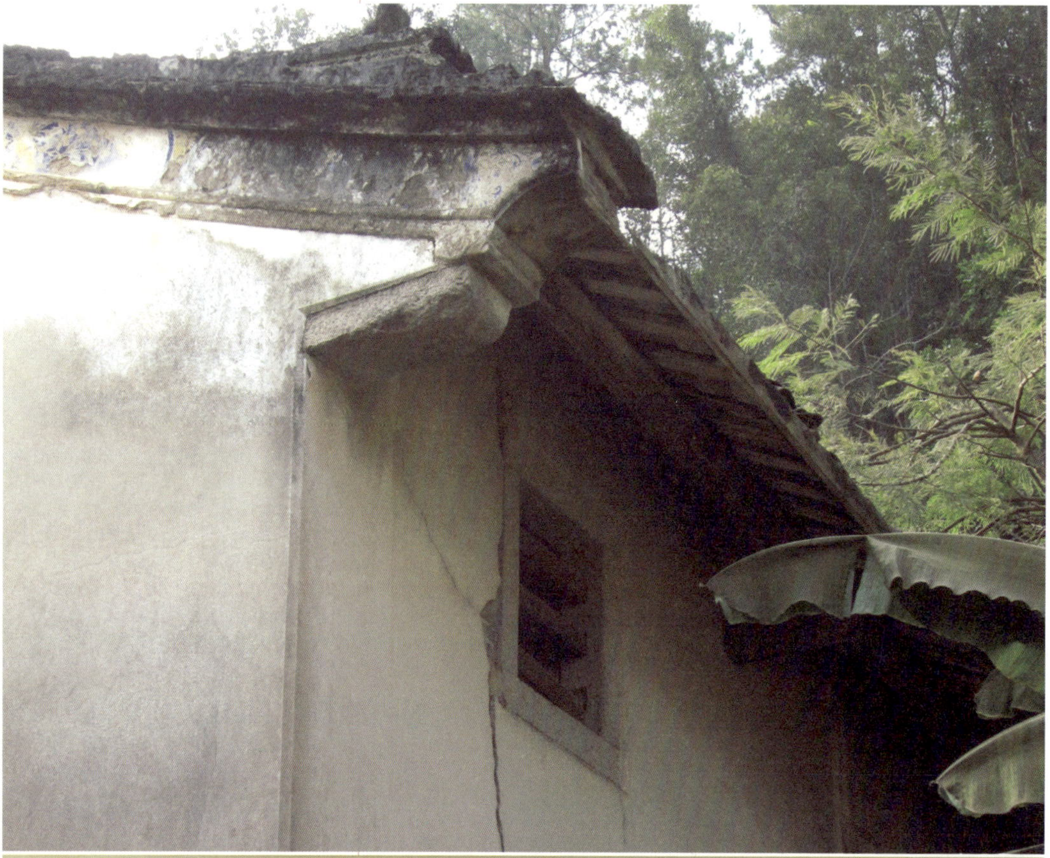

近五百年黄氏绍德堂祖祠规章

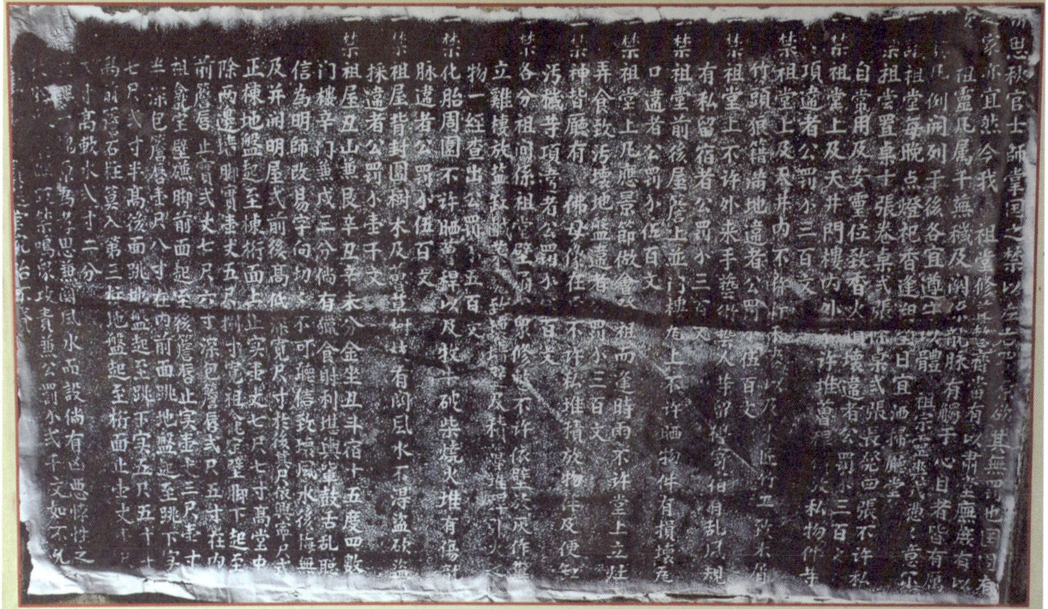

梅县文学艺术界联合会制作　二〇一〇年四月二十三日 曾令文摄

1 | 3
2

1.若遇上山贼围攻的时候，可以从左上角的逃生窗逃跑和报信
2.禁约碑文（拓）
3.畅云楼大门边的"四防公约"

根。黄氏子孙们一番打拼获得财富和地位后,纷纷回乡建楼。访云楼、云汉楼、振华楼等就是在那时相继建成。受南洋回归子孙的影响，一些在国内、省内各有建树的子孙也纷纷回乡修楼。茶山村富极一时，名声在外，地处偏僻的茶山村开始受到外界的侵扰。为保卫家园，在外接受了新思想教育的黄氏子孙们，对传统房屋在原有架构的基础上进行了改良，加强了防御措施。如修于 1920 年的同德楼是七杠走马楼，防御设施讲究，其门面壮观气派，大门表面全用进口铝皮包裹，整楼墙体厚实，不怕火烧；第七杠做炮楼之用，二楼是回字走马楼且相连直通，此外，防盗九阻

223　保护茶山——过去，现在和未来

中
国
名
村
·
·
广
东
茶
山
村
·

碉楼现存遗址

杠门、逃生窗等也纷纷运用于民居建筑。

在畅云楼旁，还有一座修于20世纪初的碉楼也是用来保护村落的。从村口进来，沿着村道直入，有一个T字形路口，依山的一侧各式民居顺次排列，继续往前，则是通向另一村黄塘村①的要道。在两条乡道的交接处，曾经矗立着一座占地面积百来平方米，高达四层的碉楼，这是全村的一处制高点，前守村口，后顾荷泗口，整个村落尽收眼底。现在整座碉楼只剩下一些残垣断壁，不及普通民居的一层楼高，在岁月的洗刷中，早已丧失功能，仅作遗址。从村里复原的图纸来看，这座碉楼是传统建筑式的坡屋顶，每层都设有若干枪眼，不能居住，只做防御。

与此同时，茶山村还成立了"茶山村保卫社"。这是村民为保卫村落而自发组成的一个组织。房学嘉曾在《粤东客家生态和民俗研究》[2]中对这类组织有过描述："'会'在粤东梅县客家乡村是一个很重要的社会圈子。这些会均属自治型，是官方体制相对应的民间社会政体的一种自发的、自我完善的松散组织。""茶山保卫社"成立的同一时期，村里还成立了"大立学务委员会"，负责教育事务。村民们通过这种自发组织的社团，进行村落管理，实现自治。现在能了解到的"茶山村保卫社"成员有：黄伯洪、黄云辉、黄菊初等。不过社里的老人都相继离世。随着老人的离去，往事也随风而逝，空留一声唏嘘。

新中国成立后，在黄氏宗亲们的倡导下，以祖祠绍德堂为中心成立了黄氏宗亲联谊会，在这个联谊会的主持下，每几年都会筹集一笔资金对绍德堂等公用建筑进行修缮，但由于资金有限，这种修缮只是简单修补。虽然村民们也试图努力用各种方式保护村落，但力量毕竟有限。

历史的车轮尽管兜兜转转，百折千回，但总是向前的。正如费孝通先生所说，"事实上完全静止的社会是不存在的，乡土社会不过比现代社会变得慢而已"。[3]茶山村也在悄然地改变。随着城镇化发展，村里的劳动力开始外迁，一些老房子被闲置，由于长久无人居住，已经霉变被虫蚁蛀蚀。特别是一些建在山边的老屋，不断遭到泥石流的侵蚀。像修在古道边的庆馀楼，屋主搬到梅县县城去后，一些屏风和窗花都被偷走，房子后面的山体滑坡，也让房子出现不同程度的损毁，亟待修补。此外，由于传统老围屋存在通风不顺、采光不足、排水不畅、私密性差等不足，一些有能力的年轻人选择另建二三层的砖混新楼房，原来用于居住的老屋渐渐被废弃。在现代生活的冲撞下，农田被占用，

注：

① 黄塘村，又名杨塘村，现与茶山村合并为一个行政村——灯塔村。

② 房学嘉著，《粤东客家生态与民俗研究》，华南理工大学出版社，2008年版。

③ 费孝通著，《乡土中国》，上海人民出版社，2006年版。

中
国
名
村
·
广
东
茶
山
村

中
国
名
村
·
广
东
茶
山
村

义顺庐内残破不堪的梁架

村道被改建，大立溪被污染，新房子的建筑风格俨然与村落的古建筑群很不协调。茶山村碰到了比自然侵害更大的威胁。

　　一个偶然的机会，为茶山村带来了转机。2007 年 10 月，《梅州日报》上一则"评选十大客家民居"的消息引起了村民黄棣祥的注意，他便找来几个平时也非常关注茶山村保护的村民商量，他们认为茶山村的每一幢房子都符合评选条件，每一幢老建筑都是有故事的，这么有底蕴、有历史、环境又优美的村子只是因为交通不便利而无人知晓，因此，他们决定以整个古建筑群来参与此次评选，希望藉此有更多的人来关注茶山村，共同保护茶山村。此项申报得到了水车镇委、镇政府的大力支持。同时，在乡贤的资助下，筹集了2.5万元申报经费用于收集整理资料。这一年，茶山村在评选中一举成名。茶山村的保护工作也由单体建筑的保护扩大到整体村落及其文化的保护。

当然，和中国其他许多村落相比较，茶山村已经属于现

1
2

1~2. 因为人口外出，许多房子空置

1 | 2
--- | 3

1.人去房空

2~3.村民不再按照老房子样式来营造房子，而是选择了他们认为时髦和实用的样式

茶 山 村

中 — 国 — 名 — 村 · 广 — 东 — 茶 — 山 — 村 —

状保存完好的村落。由于地理位置偏僻，特别是原来水车大桥修通之前，出入茶山并不方便，这给茶山现有村落形态的保存提供了便利条件。另一个优势就是村内还有很多古建筑尚有人居住，有人居住才会对房子加以爱护，进行保护，这对于现有历史建筑的保护也是一个非常有利的因素。这些少则百年、多则三四百年的历史建筑，不仅是梅州地区客家发展的缩影，更是客家本土化的重要标志。特别是修于不同时代的围屋，清晰地见证了茶山的开拓、发展的历史和文化变迁的脉络。这些优势让茶山村的保护起步就很高。

2008年4月，梅州市茶山古村落保护开发有限公司成立。公司董事会三人，分别由本村一些有经济实力的老板担任，另在村里设五人协调小组，负责村落保护、资料收集、

新房子的建筑风格与村落的古建筑群很不协调

财务等相关工作。公司成立后，立即对村里的重点民居、古树、古井等实行了挂牌保护；收集编制了完整的村落资料，留下了影像的第一手素材；制定了《茶山古村落保护办法》，向村民宣传古建筑、古文物的价值，以及村落现有生态保护的重要性；并成立了24小时巡逻队，在村民中挑选精干劳动力对村落进行巡逻。

如今保护规划图已立在村口

2009年9月，水车镇成立了"加强茶山村保护工作领导小组"，从政府层面给予支持。这一年，茶山村相继被评为广东省古村落、广东省第二批历史文化名村。

同年，梅县政府委托嘉应学院客家建筑研究所制定了《梅县水车镇茶山村保护规划》，并通过了此项保护规划。保护规划区域总面积27公顷，分为重点保护区、村落传统风貌协调区，为了保证古村落整体自然环境风貌的完整，还在区外划定了自然风貌控制区。重点保护区的范围是北部以鸣凤书室为界，东部以村口承庆楼为界，南部以拎云书屋为界，西北部以古白橡树为界，面积11.2公顷。在核心保护区内，严禁安排新的民居建筑，凡利用旧民居开发经营的，必须按原貌修复、维护，不得乱拆乱建。

2010年，茶山村被评为中国古村落，并进入中国历史文化名村名录。

2011年11月，茶山村申请了"中国历史文化名村保护设施建设项目"资金。

乡土文化的保存

村头那棵老龙眼树依旧枝繁叶茂，村中那条蜿蜒的大立溪依旧日夜不停地流淌，绍德堂依旧在等待它的子孙们每年祭祖时的那炷香。茶山村还是那样古朴、自然、原汁原味。不管社会如何变迁，对于茶山的黄氏子孙们来说，这块生于斯、长于斯的故土让人如此着迷，如此沉醉。这也是他们竭尽全力试图去阻挡变迁热潮袭来的理由。

从中原迁移出来的茶山先祖，不断寻找自己的归处，最终定居在岭南一隅。从中原带来的汉文化在漫长的农耕生活中，逐渐沉淀发展，形成今天的客家文化。客家文化作为汉文化的活化石，可以将儒家文化的信条演绎到了极致。客家文化在一位普通的茶山后裔黄达民身上有着深刻体现：勤劳、质朴、豁达、执著。

黄达民，六十来岁，中等个头，头发有些花白，但声音依旧爽朗。从小在茶山长大的他，模样一看就是客家人，早年曾在深圳打过工，按他的话说，也是有过一官半职的，现在是村保护开发有限公司五人协调小组成员之一，正为茶山村的保护奔走努力。

黄达民是个热情的人，大家都亲切地管他叫达民叔。每一位来村里参观的人只要有需要，跟他说一声，他都会陪你走上一程，说上几段历史。从村头走到村尾，如果不仔细看每个建筑，大概得二十多分钟，如果将保留较完整的三十多间屋子详细讲解一遍，要花上近一个小时的时间。就是这段从村头到村尾，由南到北的一公里路程，黄达民不知道用脚步丈量了多少遍。每一间屋子的历史、人物和建筑特色，他张嘴就来，不需要看稿，不需要背词，与其说一切故事就在他的口中，不如说是在他的心里。黄达民边走边聊，聊的是村落，聊的是先祖，聊的是客家人，他的讲述简单通俗，不刻意也不雕琢，最多加句"听村里老人说"的定语。在他的描述中，茶山村的每一间屋子都是有生命的，每一段历史都是鲜活的，充溢着张力。也许，横亘在那阴山脉的客家村落都是这样表现生命的。村里人要办红白喜事，祖祠举办祭祀，清明进行祭拜，也少不了黄达民的帮忙和张罗，因为村里懂这些传统规矩的人越来越少了。年轻人都纷纷外出闯世界了，村子里大部分都是剩下的"60"和"61"族，即60岁的老人和过"六一"儿童节的孩子。即使留在村里的年轻人也不愿意学习这些在他们眼里是"繁文缛节"的习俗。如今，村里致力于保护工作的都是和达民叔一般的老人。

当年轻人为生计摆脱了千年不变的劳作和生活方式，走出村落，一切人文传统因之断绝。当电视网络铺天盖地深入每家每户，外面世界的精彩与缤纷，让那些世代流传的乡土风习变得黯然失色。这种冲击也许是时代的必然。

八音班在茶山村曾经很辉煌。过去夏夜，村子里的八音班在村民乘凉时常常演奏音乐。每年中秋节的时候，八音聚起来合奏，场面异常热闹。茶山村的八音班并没有师傅传承，也不是父子传承，只是一班爱好者在一起相互学习。可惜现在的年轻人都不喜欢了，剩下个别懂乐器的人，也组成不了一支队伍。至于客家山歌，懂得并会唱的人已然寥寥，年轻人既不学也不爱唱。

现在会唱山歌的都是老人了，八音班也聚不起来，但村里已经将一些老人唱的山歌记录下来了。有时候记录也是一种传承。

冯骥才先生曾说过："非物质文化有时是严重依赖于其物质载体才得以呈现，表现和传承传播的，如果丧失原来的生产方式、生活环境、传统器物，他们也就失去了自己的文化空间。"

值得庆幸的是，茶山村的生活方式依旧沿袭传统习俗，无论是农耕还是生活饮食，茶山人都还保有自己的特色。百年来延续下来的生产、生活方式，为茶山的乡土文化传承与发展提供了土壤。

特别是茶山村的饮食文化和节俗文化始终保留着古朴风貌。"粗茶淡饭"作为茶山人的生活习俗保留至今，在茶山，早餐和午餐比较简单，晚餐略丰盛一些。村民的饭宴招待或是黄氏宗祠冬至祭祀的大摆筵席，餐桌上均少不了客家酿豆腐、白切鸡、梅菜扣肉、上汤鱼丸、开锅肉丸、酸菜汤等这些传统的客家菜。客家娘酒煮鸡是每个坐月子女人的必须食物。现在茶山村依然延续了清代就有的在村中高楼下位置开花灯节的习俗，每年农历正月十五，添有男丁的村民就是在高处，现在多在祖祠挂上添丁灯，并宴请村中人士，非常热闹。过年作为村里最重大的节日之一，依旧保存了从腊月二十五"入年界"，年三十"守岁"，年初一吃斋等节俗，这些深深扎根于村民日常生活的传统，无疑是茶山最宝贵的世代相传的文化财富。

和其他村落一样，茶山也是家族结构式的社会，宗族组织在村落社会生活中起着重要的作用。自定居茶山以来，黄氏宗亲们为茶山的发展贡献力量，修宗祠，建书院，传承祖训与文化，维护着社会生活的秩序。新中国成立后到20世纪80年代初期，宗族活动一度遭到抑制，祠堂也变得不那么神圣和重要了，多被用做食堂、粮仓、学校，有些还做了住房，不少祠堂遭到毁坏。一些民俗活动也由此沉寂。直到改革开放后，宗族活动重新活跃。在黄氏宗亲联谊会的主持下，在乡贤的资助下，开始对绍德堂等祠堂、公用设施进行修葺，修谱、拜祭等活动也陆续复兴。冯尔康先生认为，宗族活动及组织复活的原因有四：第一，强

村里也用上了网络

制摧毁使民间传统的、稳定的宗族意识潜藏起来，在适当的社会环境下便会冒出头来；第二，宗族的某些社会、文化功能有着合理性，有其存在的需要；第三，民众历史感的要求，借助于修家谱表达出来；第四，在财富增加的情况下，农民宗族认同的加强。[1]如今，传统的祭祖仪式成为茶山一年中最隆重、热闹的日子，祭祀活动也延续和保留了村中男人祭祖的习俗。尽管仪式和过去相比变得更为简单，但依然非常热闹，每年这个时间，海内外、省内外的茶山子孙纷纷回来，在绍德堂和祖墓摆上三牲、果品、清茶、美酒、香楮、烛锭等供奉先祖，敲锣打鼓、烧鞭炮舞狮子，大摆筵席。这一活动已经成为茶山人宗亲联谊，弘扬宗族文化的有利契机。

注：
[1] 冯尔康著，《中国宗族史》，上海人民出版社，2009年版。

中国名村·广东茶山村

茶山村的保护任重而道远。茶山村保护工作的重点在于保护而非发展建设，需要做的工作还很多。比如说，要加强对现有古民居的改造，请相关部门、专家对现有古民居的居住条件进行改善，使其能够适应现代人的生活需求，从而鼓励村民居住在老建筑中，这是对茶山村最好的保护；要恢复传统的村落格局和道路骨架，修复古村道及周边景观，保持村落原貌，同时，在现有物质文化遗产保护的基础上，深入挖掘客家民俗，努力保存原生态的生活方式，重视民间艺术传承人的培养，整理和记录民间文学、口头故事和山歌，让民间艺术和乡土文化得以传承和发展。要看到宗族文化对茶山村保护带来的积极作用，充分利用宗族文化维护村落的秩序，贯彻国家政策法令，宣扬伦理道德，通过共同的仪式活动传承文化和技艺，为村民提供心理归属感和情感支撑。

幸运的是，梅县、水车镇等当地政府和文化界已经开始觉悟。更幸运的是，在物欲如狂的年代，还有许多像达民叔这样在为一种精神而行动，为一种思想而活着的好村民。

冬日里的茶山村平静、安逸。

暖阳射在刚刚收获过的稻田上，透过积水泛着金光。穿村而过的乡村公路清晰地勾勒出村落的地形。依山势而修建的屋子，白墙灰瓦，略显斑驳，恰似时间留下的年轮。古道下的池塘边，一位老农妇正用力地将淤泥掏出，甩到地里，为来年生产填集肥料，这种传统的种植方式在村里依旧保持着。播种、收割、再播种、再收割。明朝初期就定居这里的茶山人，年复一年，日复一日，繁衍生息，日子虽然平淡，却也惬意。

中国民间
文化遗产
抢救工程
THE PROJECT TO CHINESE
FOLK CULTURAL HERITAGES

参考文献

光绪嘉应州志.清

康熙程乡县志.清

大埔县志.民国

费孝通.乡土中国.上海：上海人民出版社，2006

罗香林.客家源流考.北京：中国华侨出版社，1989

冯尔康.中国宗族史.上海：上海人民出版社，2009

中国河洛文化研究会，中华侨联总会（编）.河洛文化与台湾文化.郑州：河南人民出版社，2011

房学嘉.客家流源探奥.广州：广东高等教育出版社，1994

房学嘉.粤东客家生态与民俗研究.广州：华南理工大学出版社，2008

房学嘉，肖文评，钟晋兰.客家梅州.广州：华南理工大学出版社，2009

肖旻，林垚广.桥溪——华南乡土建筑研究报告.南京：南京大学出版社，2011

吴庆洲.中国客家建筑文化.武汉：湖北教育出版社，2008

胡希张.客家风华.广州：广东人民出版社，1997

吴卫光.围龙屋建筑形态的图像学研究.博士学位论文

黄氏云祖公旅外后裔，祀祖联谊中心编印.祀祖联谊纪念册.1980

茶山村居台湾后人编印.黄氏云祖公族谱.1975

黄氏云祖公族谱续谱委员会编印.黄氏云祖公族谱.2011

从 2008 年起，我们开始关注茶山村。

当年的十月，广东省梅县文联积极组织茶山村申报"广东省古村落"，做了不少文字和图片整理。县文联主席曾令文亲自带着厚厚的申报材料从梅县来到广州，开了将近七个小时的车，一路风尘仆仆。这位朴实稳重的客家汉子没有喝我们递上的热茶，便马上滔滔不绝地介绍茶山村，让我们一定要去看看。待慢慢翻阅这些图文时，我们感动了，这个村子一定要去看看，不光是我们这些民间文艺工作者应该去，研究历史学、民俗学、人类学、建筑学等专家，喜欢行走旅游、摄影的爱好者，还有一切热爱乡土文化的人们，都应该去。

此后，这个远在山里的村庄开始出现在媒体的视野里，名气也越来越响，并先后获得了"广东省古村落"、"中国古村落（客家民居）"、"中国历史文化名村"等荣誉称号。

对于茶山村，我们不想也不能给它下个定义叫什么经典村庄或者最美村庄，这些词汇渗透了太多的喧嚣浮躁和绝对肯定。我们更多的感觉是沉重的反思：这个村庄保存了大量精美的客家古建筑，培育了不少对地区乃至全国都有影响的杰出人物，至今也仍然有着活态的农耕文明，等等，这需要多少岁月的积淀啊！因此，走在村子里，我们无不为这里的每一栋楼，每一棵树，每一位朴实的村民所骄傲和感动。然而，也看到了许多被破坏而残缺不全的雕刻，许多因缺少维修而倒塌的墙垣，许多因少人居住而荒芜的旧屋，许多因无人采摘而沿路撒落的柚子，等等，而这些都是发生在经济急速发展的短短三十年间……

感谢省委宣传部和省文联一直以来对古村落工作的指导和帮助，让我们的古村落保护工作得以持续下去。感谢中国民间文艺家协会和知识产权出版社策划的《中国民间文化遗产抢救工程——中国历史文化名城·名镇·名村全书》，给了我们一个用笔墨、相机记录茶山村的机会，让我们印刻下茶山村最美的时光，在此，我们希冀笔下的茶山村能为更多人所认识，所了解，所惊叹，希望有更多人去热爱和保护它们。

省民协专职副主席、秘书长李丽娜对本书的撰写给予了大力支持。接到任务后，她第一时间组织了文学、历史、建筑、民俗等方面的专家组成撰写小组，其中，谭运长负责拟定写作提纲，并撰写了山歌部分及统筹了全文风格，陈周起负责历史、民俗部分，郭焕宇负责建筑部分，夏泽和负责人物部分，朱琪负责保护部分，吕群、陈穗林拍摄了大部分图片，此外吕群还做了大量的图说工作，叶繁荣、朱日照、阳琰、黄智源等人也提供了部分图片。特别感谢华南理工大学建筑学博士杨星星大力协助做了建筑测绘和建筑部分的检校工作，暨南大学历史系研究生王梓、中山大学人类学系本科生廖自睿做了历史地理、民俗生活和口述等数据的调研；感谢梅州市文联主席蓝伟东，梅县文联主席曾令文，水车镇和灯塔村的领导们，他们热情接待了我们，并提供了收集的图文资料和制作的保护规划资料；感谢梅县博物馆馆长朱迪光，方志办主任陈标君，他们都是当地资深的文化工作者，给我们提供了《康熙程乡县志》、光绪《嘉应州志》等珍贵的文物史料，还不厌其烦地向我们详述了梅州地区的风土人情；感谢茶山村的村民黄达明、黄豪荣、黄庆祥等人，感谢他们对我们的信任和帮助，让我们从他们身上感受到了茶山人的淳朴和热忱，让我们理解了什么是对乡土的热爱。如诗人艾青曾说过的那句名言："为什么我的眼里常含泪水，因为我对这片土地爱得深沉。"

能唤起更多人去热爱和保护古村落，是我们最为期盼的。抱着这样的情感，我们尽量把茶山村写得完整，但因文字水平有限，调查时间不足，行文出现的错漏应有不少，希望读者能不吝赐教。

期待更多的人走进茶山村，走进保护古村落的队伍。

《中国名村·广东茶山村》编委会

2012 年 2 月 16 日

责任编辑：孙　昕　　　　　　　　　　　　　　责任出版：卢运霞

装帧设计：北京颂雅风文化传媒有限责任公司

图书在版编目（CIP）数据

中国名村·广东茶山村 / 罗杨总主编 . —— 北京：知识产权出版社，

2012.3

（中国历史文化名城·名镇·名村全书）

ISBN 978-7-5130-1102-0

Ⅰ . ①中… Ⅱ . ①罗… Ⅲ . ①乡村 – 概况 – 梅州市

Ⅳ . ① K926.55

中国版本图书馆 CIP 数据核字 (2012) 第 025047 号

中国历史文化名城·名镇·名村全书

中国名村·广东茶山村

ZHONGGUO LISHIWENHUA MINGCHENG MINGZHEN MINGCUN QUANSHU

ZHONGGUO MINGCUN GUANGDONG CHASHANCUN

中国民间文艺家协会　组织编写

总主编　罗　杨

出版发行：知识产权出版社

社　　址：北京市海淀区马甸南村 1 号	邮　　编：100088
网　　址：http://www.ipph.cn	邮　　箱：bjb@cnipr.com
发行电话：010-82000860 转 8101/8102	传　　真：010-82005070/82000893
责编电话：010-82000889 82000860 转 8111	责编邮箱：sunxin@cnipr.com
印　　刷：天津市银博印刷技术发展有限公司	经　　销：新华书店及相关销售网点
开　　本：787mm×1092mm 1 / 16	印　　张：15
版　　次：2012 年 3 月第 1 版	印　　次：2012 年 3 月第 1 次印刷
字　　数：120 千字	定　　价：80.00 元

ISBN 978-7-5130-1102-0/K·111（3977）